詩の寺子屋

和合亮一 著

岩波ジュニア新書 820

はじめに

詩を書くことは、難しいことではありません。私はずっとそう思って、数多くの詩を書いてきました。この本では、みなさんに、私の詩作活動を通して見つけてきた、詩を書くためのさまざまな方法を紹介したいと考えています。

私は、いくつかの詩作教室で教えてきました。二〇年ぐらい教えてきて、たくさんの詩人たちと時を分かちあってきました。今もその教え子たちと、肩を並べるようにして、勉強会をときどき開いています。また、友だちのようになって、心の絆《きずな》をもちつづけています。

いつしか自分の詩をつくる活動・教える活動・勉強会活動などをまとめて「詩の寺子屋」と呼ぶようになりました。

その教室の中で、いつも話すことがあります。

まず一つの山を思い浮かべてみてください。高い山、低い山、緑の美しい山、はげ山、千差万別です。しかし、どんな山であれ、頂上にあるのが、みなさんの書きたいと思っている詩です。

どんなふうに登りますか？　いくらでも道はあります。たくさんの登り方があるうち、この教室で教えられることは、いくつかの登り方にすぎません。だから、ほかのコースがあることも、わかっておいてほしい。

「まずは、やってみよう」という思いで、気持ちを楽にして、言葉への登山を楽しんでほしいと思います。

詩を書くことについて、「なんだ、山登りかあ」と思う人もいるかもしれませんね。

そこには何があるのでしょうか？　日常ではなかなか言葉にできないものがあるのです。言葉にできないものを言葉にするのだから、これはなかなか難しい、イヤ、おもしろい。それが頂上にあるのだと想像してみてください。

ときには困ってしまうこともあるけれど、その魅力にはまったら、離れられない。六〇年以上ずっと詩を書きつづけている谷川俊太郎さんも、最近の新しい詩集『詩に就いて』の中でこんなふうに書いています。

言葉に愛想を尽かして　と

こういうことも言葉で書くしかなくて
紙の上に並んだ文字を見ている
からだが身じろぎする　と
次の行を続けるがそれが真実かどうか

これを読んでいるのは書いた私だ
いや書かれた私と書くべきか
私は私という代名詞にしか宿っていない
のではないかと不安になるが
脈拍は取りあえず正常だ
（後略）

（「朝」）

まるで山に登るために、あれこれと悩んでいるみたいです。机の上で、

言葉に愛想を尽かして

からだが身じろぎする

というふうに書いて、じっとそれを眺めている朝の時間の「私」の姿がここにあります。とても大事なことを、この詩はさらりと述べています。「書いた私」と「書かれた私」についての関係のことです。

「私」とは何でしょう。このことは、古くから文学、哲学、さまざまな分野で真ん中に置かれている永遠の問題提起です。生きて何かを考えつづけることは、つまりは「自分探し」をつづけていくことにほかならないでしょう。

これまでに詩を書いてきた経験から、私は、書きあがった作品に現在の私が写し取られたとき、はじめて、これまでに気づいたことのない新しい私に気づくことがとても多い、という気がします。

もっと言えば、詩は「書かれた私」の集まりであり、それが現在の「書いた私」を導いてくれることが多くあります。「書かれた私」が「書いた私」を、育ててくれるのです。つまり言葉にならないものに立ち向かい、迷いつづけることは、何よりも自分のために何かをつくっていくことにほかなりません。

生きてきた中で忘れられない一言があります。作家・詩人の井上光晴《みつはる》さんが私にくださった言葉です。

「書いて書いて、自分を作っていく」

この言葉は「書かれた私」が、成長しつづける「書いた私」の前に、いつもあることをずっとしめしてくれます。

井上光晴さんとの出会いは、ある文学講座でした。私は一度しか参加していません。講座に参加したその後、井上さんはがんを患《わずら》い、しばらくして他界されました。

そして全国にそのような場をもち、文学や実作について熱く説いていた姿は、私の憧《あこが》れとなりました。

三十代を過ぎて、講座をもつようになったのは、井上さんの姿がいつもあるからです。だけど、講座とか教室と呼ぶよりも、膝を交えてあれこれと自然に語りあう「寺子屋」の雰囲気のほうが、自分にはよく合っていると思われます。

「書いて、書いて、自分を作っていく」という言葉を、私はこれからも自分の宝としたいし、これからはじまる「詩の寺子屋」の仲間たちと分かちあいたい。ほんのひとときの出会い、たった一言が人生を変えてくれることがある、と私はずっと信じています。

目次

目　次

第１章

子どもたちの詩

曇りのないまなざし

子どもたちの詩が好きです。いろいろな子どもたちの詩をいつも読んでいます。笑わされたり、ほろっとさせられたり。大人たちの詩では、味わったことのない感動をいつも覚えます。どうしてなのか。このことを、詩を書く人間として、よく考えます。

いい詩を書こうとすることと、子どもの詩に何かを探そうとすることは、どこか似ているのかもしれません。そんなふうに感じます。

子どもたちの話し声に耳を澄ませていると、言葉の響きが思ってもみなかったような新鮮さに包まれているように感じられて、はっとさせられることがよくあります。

言葉を覚えたてのときの、ちょっとしたとまどいや感動の機微《きび》が、バイブレーションをともなってやってくるからではないでしょうか。そこには、言葉と向きあう人間の本能の確かさがあり、成長する者の新しい発見に満ちた心の瞬間があります。

福島県の郡山《こおりやま》市に、児童詩誌の活動を長いあいだつづけている「青い窓の会」という会があります。ある作品を紹介します。

しつこい一センチ

小学四年　福原武彦

「ああ
おいしかった
おい
お母さん
もう一センチくれ」
と　お父さん
お酒をのみおわると
すぐ
「一センチくれ」
「もうだめですよ」
と　お母さんも

あきれたかお
しつこいな
一センチ

お酒の好きなお父さんの、どうしてもという顔が浮かんできます。「一センチ」という言葉がくりかえされていて、あきらめずにお願いしつづけているお父さんのようすがユーモラスに伝わってきます。

最後の

しつこいな
一センチ

というまとめ方に、ほほえましさが感じられます。これがたとえば「五ミリ」や「十センチ」では、少なすぎたり多すぎたりして、なんだかふさわしくないと思われます。

少しだけでもなく、たくさんでもない。「一センチ」だからこそ、よく伝わってくるのです。この無意識に家族で交わされているサインといおうか単位といおうか、日ごろの言葉のやりとりの姿に、親しみのある家族の姿が浮かんできます。

小学校二年生の作者には、目の前のようすをありのままに描くことだけしか関心はありません。それにもかかわらず、楽しい茶の間の空気が、鏡のようになって伝わってくるように感じられます。

永井均《ながいひとし》さんの『〈子ども〉のための哲学』という本を読んでいて、興味深いところがありました。

人間を「子ども」「青年」「大人」「老人」の四つに分けてみたとして、「青年」は「人生」へ、「大人」は「社会」へ、「老人」は「死」へ、それぞれの概念に問いかけをしながら生きていると仮定しています。それに対して子どもは「存在」そのものについて、いつも純粋な疑問を投げかけつづけている、というのです。

そのような曇りのないまなざしが見つめる先に、あらゆるものの根本原理のようなものに対する質問があるのではないでしょうか。それはかならずしも答えが見つけられるものばかりではありません。答えなど存在しないものに、疑問を投げかけつづけること。それを、詩を書く私たちは「絶対的質問」と呼んでいます。これは詩作のときの、もっとも大事な姿勢の一つなのです。

その視線を意識せずに、自然に目の前の何かに向けているからこそ、ちょっとした家族の会話であったとしても、ふと心に届く言葉の素顔が見えます。そこに私たちの暮らしのありようが、映し出されて浮かび上がってくるのだと感じます。そこに代わりなど存在しない純粋な言葉による素描《そびょう》を見つけているのだと思います。

おかあさんの声

小学二年　金子良子

おかあさんは、
でんわとか、おきゃくさんが
くると
声がへんしんするように
すぐきれいな声にかわります。
なんで、
わたしとお兄さんと話すときは
おきゃくさんみたいに
きれいな声になんないのかなあ。

わたしも
おかあさんのきれいな声と
お話ししたいなあ

自分もかつて子どもだったという意識が、強く呼びさまされるかのような詩です。素直なお母さんへの質問が書かれています。日ごろいっしょに暮らしているお母さんのちょっとした変化を、子どもの眼はしっかりと、とらえています。

このお母さんの「きれいな声」は、いつもの声とくらべてみても、とてもよそゆきで、だけどなんだかきびきびとはっきりとした感じをともなっていて、「お話ししたいなあ」という一言からもわかるように、そこに憧れの念を抱いているようすも想像することができます。

この詩のおもしろさは、社会へのまなざしの芽生えが、家の外の誰かと接しているお母さんの姿を通して伝わってくるところにあります。

家の外には、社会というか世間というか家の中とは違う空気があって、人と接するときには「へんしん」しなくてはいけないんだ、という発見がきちんと描かれています。

この視線は、とても大切なことへの目覚めです。「子ども」から「青年」へとやがては向かっていく過程のはじまりといったらいいのでしょうか。その成長感覚を、ここに、はっきりと読み取ることができるように思います。

最後は「なあ」という言葉で畳《たた》みかけるようにして、そこにこめている願いのようなものがほほえましく伝わってきます。

私がまず子どもの詩に心が動かされるのは「成長感覚」にあるようです。そしてまっすぐに前を見つめた「願い」や欲求にあると、この詩を読んで感じるのです。

おかあさんはめんどうくさがりや　　小学二年　せと　はやと

おかあさんは
おとうさんが　いないと
すぐ　りょうりを手ぬきで　すます。
カレーか
インスタント　シューマイですます。
おとうとが、もんくを　いう。

「いつも　おんなじの　作ってないで」
という。
おかあさんは
「ごはんを　たべられない人だっているの
よ」という。
でも、ぼくは
たまには　ちがうのを作ってほしい。
いつもがまんして　たべる。
おとうさんがいない日が
なければ　いいな。

この作品もとてもユニークですね。これを「寺子屋」や講演会の会場で朗読すると、みんな喜んで聞いてくださいます。

お父さんがいるときといないときの、夕食のメニューのにぎわいの違いについて、子どもの眼がはっきりと認識しています。それを「手ぬき」と言いあらわしています。なかなか大人の表現です。家族の誰かに教わったんでしょうね。

お父さんは一家の大黒柱《だいこくばしら》であり、仕事をして家の外から帰ってくる、もっとも威厳《いげん》のある存在なんだということを無意識に感じているようすが理解できると思います。

おとうさんがいない日が
なければ　いいな。

ここに、やはり社会へのまなざしと、子どもの心の背丈による願いを見つけることができるように思います。

家族のやりとりが、なんだかとてもほほえましいですね。

お母さんが遠ざかっていく　　小学六年　鈴木亜也子

学校帰り、家の前で立ち止まって、台所の
窓をのぞく。
台所の電気はあか、あか。
プーンとあまいにおいがする。

お母さんの作っている夕はんのにおい。

「トン、トン、トン。」

お母さんの作っているごちそうの音。


でも、それは一昔前。

今は台所に電気なんてついていない。

あまいにおいなんて忘れてしまった。

もちろん、ごちそうを作る音なんて聞こえはしない。

お母さんは、理容師。

夜遅くまで仕事をしている。

前までは、お母さんが作った料理を食べていたけど、今は出前。

お母さんが私からはなれて行く

お母さんが私から遠ざかっていく

お母さんの仕事は、理容師。

おそらくこれまで、仕事をお休みしていたのでしょう。その仕事を再開したようすがわかります。家に戻るとあたたかいお母さんの笑顔と夕食が待っていたのに、今はどこにも見当たりません。今までいつもあった夕方の時間が、まったく違う表情となってあります。

お母さんが私からはなれて行く
お母さんが私から遠ざかっていく

などからもうかがえるように、さびしい気持ちで過ごしている姿がわかります。

しかし、お母さんの仕事の再開を通して、社会というものとやはり向きあっているんだという感触も同時に伝わってきます。そのことが作者のさびしさとせつなさとともに、今を生きているという説得力となって、読む側に届いてきます。

お母さんだって、昔の生活を懐かしんでいることでしょう。けれども、もう一方では、きちんと働かなくてはならないという現実があります。このことをしっかりと受けとめなくてはいけないと、子ども心にわかっている感じが伝わってきます。

働かざる者食うべからず。この状況だからこそ、母へのまなざしからうかがえる子どもの「成長感覚」が、きちんと見えてくる気がします。

言葉に想いをこめて

つぎの詩は、震災当時に描かれた子どもの詩です。気仙沼《けせんぬま》市の避難所に暮らしていて感じた、たくさんの支援への感謝の気持ちを、生まれてはじめての詩に書きました。この詩は「河北《かほく》新報」などの新聞に掲載されて、数多くの宮城県の被災者の心を励ましました。

ありがとう　　　　小学五年　菊田　心

文房具ありがとう
えんぴつ、分度き、コンパス大切にします。

花のなえありがとう
お母さんとはちに植えました。
花が咲くのがたのしみです。

うちわありがとう
あつい時うちわであおいでいます。

くつをありがとう
サッカーの時とってもけりやすくて、
いっしょうけんめい走っています。

クッキーありがとう
家でおいしく食べました。

さんこう書ありがとう

勉強これからがんばります。
図書カードありがとう
本をたくさん買いました。
やきそば作ってくれてありがとう
おいしくいっぱい食べました。
教室にせん風機ありがとう
これで勉強はかどります。
応えんの言葉ありがとう
心が元気になりました。
最後に

おじいちゃん見つけてくれてありがとう
さよならすることができました。

素直に、支援をしてくださった方々へのお礼の気持ちが描かれています。花の苗、シューズ、参考書、……。思いつくままに感謝が記されますが、最後には、祖父の遺体を発見してくれたことへの気持ちが書かれます。食べ物、品物、真心、……、「ありがとう」という言葉がさまざまな表情を見せて、こちらへと届いてきます。

私はこの詩を読んで、震災後に避難所で取材をしているときに、ある友人から聞いた話を思い浮かべました。

「じいちゃん、見つかったかい」

波にさらわれてしまったおじいさんの消息を、朝になると避難所にいつもたずねにやってきたおばあさんがいらっしゃいました。おじいさんの姿をなかなか発見することができず、友人はいつも「見つからないよ」と答えていたそうです。

しかし、あるときに遺体が発見されました。

友人は、いつも同じ時間にあらわれるおばあさんに、つらい心持ちで伝えました。

「見つかったよ」と。

「そうかい」

そう言っておばあさんは、表情を変えてしばらく黙ったまま、その後になってこう言ったそうです。

「これでやっとさびしくなることができるね」

さまざまなものを奪っていった震災という突然のできごとに対して、どんなふうに整理をつけたらいいものか、わかるものではありません。菊田くんは「ありがとう」という言葉に想いをこめると同時に、何かを自分自身で一つずつ確かめようとしているかのようです。

その中で、とくに最後の「ありがとう」には、震災による突然の祖父の死を、それでもいつかは乗り越えようとする想いがこめられているように思われます。

不慮の災いを受けとめて、それでも成長していこうとする少年の姿が、私たちに悲しみに負けない一つの強さを感じ取らせているのです。

たびしいお花見

本郷《ほんごう》祈《き》和《わ》人《と》

花びらの雨が降っているよ
今日は「たぴしいお花見」
たのしいけれどさびしいお花見

初めての夜桜
弟がしだれ桜の下で
えん歌を歌う
たのしいお花見

今日は父ちゃんとすごす　最後の夜
父ちゃんの会社が　津波で流された
父ちゃんは明日　とち木に行ってしまう

さびしいお花見

お祭りの出店で買った　ベッコウアメ
兄第三人でなめながら　並んで歩いた
たのしいお花見

母ちゃんのおなかに　赤ちゃんがいる
父ちゃんは
赤ちゃんが生まれるのを
見れないかもしれない
さびしいお花見

いつもは
歩けないほどたくさんの人でにぎわう
つつじケ丘公園

今日はまるで貸し切りじょうたい
桜の花はすぐにちって　さびしく感じる
でもまた来年さく
だから来年もかならず来るよ
家族が一人ふえて　六人で

これは震災後に父の会社が倒産してしまい、しかたなく別の土地へ働きに出ていくことになったというさびしさが描かれています。

その前に家族で出かけたお花見ですが、作者にはいつもと違ったように見えています。ふだんはたのしいのに、今日はとてもさびしい。それが「たのしい」＋「さびしい」＝「たびしい」という造語になって、こちらに届いてきます。存在しない言葉なのに、とても心に響きます。

ここまでの子どもたちの作品を読み通してみて一つ気がつくことは、誰かを想う気持ちが強まるほどに、何かがこちらにこだましてくるということです。

その詩のほとんどは、父や母や家族に向けられているものです。言わば親子という、その当事者どうしでしかわからないはずの人間関係における想いの深さが、しっかりとこちらに届いてきます。

個別的な親子の体験の時間が、誰もがわかる親しみのある時間へと、普遍的な時へと変わる瞬間があるのです。これが詩の魅力だと思います。

ここで、父と子のことについて書かれた、私のとても好きな作品を一つ紹介します。

キャッチボール

野口武久《のぐちたけひさ》

父親と少年が
キャッチボールをしている
雨のあがった休日
あかまんまが咲いている道
父親のミットに捕球音が響く
身体の芯が熱くなるまで投げ込め
咽喉につかえたものを吐き出すように

真っ直ぐ投げろ
込み上げる優しい涙は
胸から放《ほう》ればいい
どんな球でも
父親は君の球を受けてくれるだろう
変化球は覚えるな
器用な生き方は
いつかきっと人を悲しくさせるから
あかまんまの咲く小道
父親と少年の
キャッチボールは響く
あと何年
この親子のキャッチボールは続くのか
なんどでも
なんどでも父親を弾きかえすまで

強く心に納得する響きを投げろ
道行く人の心に響く球を投げろ

これは親子の姿を描いています。そして、この作者もまた父親なのでしょう。深い慈愛《じあい》に満ちたまなざしを感じます。

息子は父をめがけてボールを投げる。父はそれをしっかりと受けとめて、またボールを放ります。

身体の芯が熱くなるまで投げ込め
咽喉につかえたものを吐き出すように
真っ直ぐ投げろ

とは、何という魅力的なフレーズでしょうか。

なんどでも父親を弾きかえすまで
強く心に納得する響きを投げろ
道行く人の心に響く球を投げろ

空中に舞う白球はそのまま、二人のあいだでずっと交わされていく、あるいは、これから少年が成長の中で出会う数多くの人々へと向けられていくだろう、言葉そのものへとたとえられていくかのようです。

対話は言葉のキャッチボールの中で成立していきます。それは目の前の大切な相手があって、はじめて成り立つのです。誰に向かって言葉という白いボールを投げるのか。そのことをきちんと意識することで、「道行く人の心に響く球」である言葉を、詩を見つけ出すことができるのだというメッセージを伝えてくれているかのようです。

相手を思って書く

詩人リルケは、生涯において多くの人に手紙を書いたそうです。知人のみならず、街で暮らす見ず知らずの人にも宛てて、書きつづけたのだそうです。

その心そのものがまた、彼にたくさんの詩を書かせたのではないでしょうか。後世に残る名詩を多数、生み出しています。

誰でも手紙を書いたことが、一度はあるでしょう。そのことも詩を書くことも同じだと考えてほしいと思います。一人の相手もたくさんの相手も、つまりは同じなのではないでしょうか。誰かに宛てた手紙が、「道行く人の心」に響くのであれば、数多くの人にそれが届いていくのではないのでしょうか。

紹介したいくつかの詩は、子どもたちが、父や母や震災における支援者のことを思って綴った、大切な手紙であると言えると思います。その気持ちが、読むみなさんに届けられていくのです。

詩とは、誰かを思って、たった一人に宛てることからはじまります。詩を書くことを手紙にたとえてみましょう。誰に向けて、手紙を書きたいのか。

手紙とは、相手のことを思いやりながら、書きはじめるものです。

相手のまなざしを想像しながら、何かを書いてみるということ。これは誰でもしていることなのです。こうして考えてみると、一度でも手紙を書いたことのある人なら誰でも、読み手の目を意識しながら書くことを、無意識のうちにしています。

ただ、一度も書いたことがない(のではないか)というものがあります。それが、自分への手紙です。中身は何でもいいのです。自分に向かって書いてみませんか。そして、それに返事を書くことも。

最初の課題に取り組んでみましょう。

不思議な手紙を書いてみましょう。

ワークシート①

私への手紙

月　日の私より

ワークシート②

私への手紙の返事

月　日の私より

この不思議な手紙を書いてみると、わかってくることがあります。それは、自分というもう一人の他人です。その存在に気づいたとき、家族へ、友だちへ、あるいは自分へのまなざしが、何か変わってくると思います。そのまなざしが、これから詩を書くアンテナのようなものを立ててくれるかもしれません。

自分とは、いったい誰ですか。

自分に手紙を書いているあなたは誰ですか。

自分に返事を書いているあなたは誰ですか。

自分のまなざしが深くなる瞬間を感じられるときが、一番大切なのだと思います。

詩の寺子屋で、まずそれをわかりあいたいのです。

第２章

和合流、詩の基本

音楽を求めて

私は音楽が好きでたまりません。

いまもそうです。しかし、何かやろうと思っても、楽譜も読めないし、楽器もできません。

でも、子どもの頃からそれに関わるような人生を送りたいと、ずっと思っていました。

いくつかの出会いがあった中で、しだいにものを書くようになったとき、私が文学の形式の中で詩を選んだのも、このことに理由があると思っています。

なぜなら、詩とは言葉の音楽性をどこまでも追いかけていくジャンルだと思うからです。

詩人萩原朔太郎《はぎわらさくたろう》の詩集『月に吠《ほ》える』の序文に、こんなふうに書かれています。


私の心の「かなしみ」「よろこび」「さびしみ」「おそれ」その他言葉や文章では言ひ現はしがたい複雑した特種の感情を、私は自分の詩のリズムによつて表現する。併しリズムは説明ではない。リズムは以心伝心である。そのリズムを無言で感知することの出来る人とのみ、私は手をとつて語り合ふことができる。

「手をとつて語り合ふ」。いい言葉ですね。リズムを見出そうとするからこそ、そこにコミュニケーションの深まりを感じます。

詩のみならず、すべての文学形式には、音楽性＝リズムが求められています。たとえば俳句や短歌は五・七・五などの音数律《おんすうりつ》が命です。いわゆる韻文《いんぶん》のみならず、小説やエッセイなどの散文だって、お気に入りの作家の文章のリズムやテンポや全体の感触に惹《ひ》かれているのではないでしょうか。

文学と音楽、正反対のようでもっとも近い存在なのかもしれません。詩人は音楽を求めて、音楽家は詩を求めるのかもしれませんね。最近、出会った村上春樹のエッセイにも、こんなふうに書かれています。

小説をはじめて書こうとしたときのことを思い出して、こんなふうに述べています。

僕が最初の小説「風の歌を聴け」を書こうとしたとき、「これはもう、何も書くことがないということを書くしかないいんじゃないか」と痛感しました。(『職業としての小説家』）

村上自身が青年の頃、何も書くことがないという実感から第一歩が踏み出されたということがうかがえるところです。ここから、つぎつぎと話題作を積みあげていく作家が誕生したことがわかると思います。

むしろ「書くことがない」というはっきりとした事実から、村上は一歩を踏み出している。「書くことがない」ことこそが正しいのかもしれません。何かを意識して書こうとするから、ほんとうに書きたいものが見えなくなってしまうのです。無意識のまなざし中にこそあるのです。

村上はそもそもジャズが大好き。「書くことがない」という強い実感から、文学とは反対側にある、音楽に近づこうとしていったのです。それはむしろ自然の姿勢だと、私は思います。いや「近づこう」というよりも、もっと直感的に向かっていったのだと思います。

村上は、説明しない文体を心がけたいと思ったそうです。「いろいろな断片的なエピソードや光景や言葉を、小説という容《い》れ物の中にどんどん放りこんで、それを立体的に組み合わせていく」ことを、書きはじめようとする者としてめざしました。

そういう作業を進めるにあたっては音楽が何より役に立ちました。ちょうど音楽を演奏するような要領で、僕は文章を作っていきました。主にジャズが役に立ちました。ご存知のように、ジャズにとっていちばん大事なのはリズムです。そうしないことにはリスナーはついてきてくれません。的確でソリッドなリズムを終始キープしなくてはなりません。

言葉の音楽性を楽しむ

私も村上の小説を好んでよく読んでいますが、なるほど彼の独特の「的確でソリッドなリズム」に触れたくて、追いかけているのかもしれません。

このことはこの章でふれたい詩の話に、そのままあてはまると思います。

つぎの詩を紹介します。できれば、声に出してみませんか。友人や家族の前で、あるいは誰もいない部屋でこっそりと。よければ、朗読してみてください。

言葉で、音楽を、リズムを奏《かな》でるとは何かが、よくわかります。

ワークシート③　朗読してみよう

あめ

山田《やまだ》今次《いまじ》

あめ　あめ　あめ　あめ
あめ　あめ　あめ　あめ
あめは　ぼくらを　ざんざか　たたく
ざんざか　ざんざか
ざんざん　ざかざか
あめは　ざんざん　ざかざか　ざかざか
ほったてごやを　ねらって　たたく
ぼくらの　くらしを　びしびし　たたく
さびが　ざりざり　はげてる　やねを
やすむ　ことなく　しきりに　たたく

ふる　ふる　ふる　ふる
ふる　ふる　ふる　ふる
あめは　ざんざん　ざかざん　ざかざん
ざかざん　ざかざん
ざんざん　ざかざか
つぎから　つぎへと　ざかざか　ざかざか
みみにも　むねにも　しみこむ　ほどに
ぼくらの　くらしを　かこんで　たたく

雨の情景が浮かんできます。「あめ　あめ　あめ　あめ」「ざんざか　ざんざか」「ふる　ふる　ふる　ふる」などと同じ音がくりかえされている中に、とめどなく降りつづく景色が見えてくるかのようです。

響きのいい言葉ばかりが並んでいます。それはどうしてなのでしょうか。

「あめ」「ふる」＝二音、「ぼくら」「たたく」＝三音、「ざんざん」「ざかざか」＝四音、など決まった音数の言葉を並べて世界をつくりあげているということも、理由としてあげられるでしょう。

これを声に出しながら感じられることは、詩人がこれらの言葉の音楽性を、なにより楽しんでいるということだと思います。

私は、自作詩の朗読活動を二五年近くつづけてきて、はっきりとわかることがあります。それは、声に出すことで、その言葉のもつほんとうのリズムや響きを、自分なりに、頭ではなく体で感じることができるということです。

朗読することはなかなか慣れないことですから、はじめはとまどうかもしれません。実際に、言葉を声に出すことを仕事にしている人は、じつはたくさんいらっしゃいます。アナウンサー、教師、セールスマン……。たとえば、法事《ほうじ》などでお坊さんの読むお経に耳を澄ませて、故人を偲《しの》ぶということを誰もが経験していると思います。

言葉を声に出すことは、あるいは耳を傾けることは、生活そのものなのです。現代の日本人の生活にどこか、音読がなじまないところがあるようですが、それはむしろそう決めつけているだけの話であり、ヨーロッパやアジアなど海外の暮らしにスピーチやリーディングの文化は、色濃く根づいています。

私が長く朗読活動をしながら詩作をつづけてきて感じることは、声に出して響きのいいものばかりを自然と選んで詩を書いている自分に気づいているということです。

このことは、私の詩を読み、声や歌にしてくださる方々との出会いを通して……、女優の吉永小百合さんなど朗読や演劇や歌にしてくださる方がいらっしゃったり、五十数曲もの合唱曲が生まれたりしていることなどと、不可分に結びついていることだと感じます。

リズムを探る第一歩としては、実際に自分のものでも誰のものでもいい、作品を声に出してみることをおすすめしたい。

つぎの作品は、東日本大震災発生のおよそ一週間後に、一気に書いたものです。

ワークシート③つづき　朗読してみよう

決意

和合亮一

福島に風は吹く
福島に星は瞬く

福島に木は芽吹く
福島に花は咲く
福島に生きる

福島を生きる
福島を愛する
福島をあきらめない
福島を信ずる
福島を歩く

福島の名を呼ぶ
福島を誇りに思う
福島を子どもたちに手渡す
福島を抱きしめる

福島と共に涙を流す

福島に泣く
福島が泣く
福島と泣く
福島で泣く

福島は私です
福島は故郷です
福島は人生です
福島はあなたです

福島は父と母です
福島は子どもたちです
福島は青空です

福島は雲です

福島を守る
福島を取り戻す
福島を手の中に
福島を生きる

福島に生きる
福島を生きる

福島で生きる
福島を生きる

福島で生きる
福島を生きる

響きのいい言葉を集める

余震と放射能の恐怖にさいなまれながら、一息に書きあげたときのことを、いまでも昨日のように思い出します。

見方によればメッセージ性が感じられるので、「書くことがない」ところからはじめるという内容とは矛盾している、と感じた人もいるかもしれません。

でも、私はこれを時間をかけずに直感で書いたのです。ひっきりなしに本震と同じほどの余震がやってくる中で、推敲《すいこう》する余裕などありません。しかも当時は、詩を発表することなど考えられないほど、たいへんなできごとばかりがありました。

一見してお気づきだと思いますが、「福島」という言葉の響きが先に立って、そのほかのフレーズが連れられてきています。ずっと故郷に呼びかけるようにして書いています。ちなみに、「決意」というタイトルは、書きあげてからつけました。

なによりも震災のさなか、「福島」という故郷の響きは、私の心の支えでした。ここではっきりとわかることは、言葉の響きは別の言葉の響きを連れてきてくれるということです。ふだんから、いい響きの言葉を集めておくと、詩を書こうとする入り口のようなものを見つけることができるのではないかと感じます。

誰にでも、いい響きを感じる言葉があります。みなさんにとって、いい響きの言葉ってどのようなものですか。ためしに書き出してみましょう。もちろん、正解・不正解はありません。思いつくかぎりのものを書き連ねてみましょう。

ワークシート④

例　青空、稲妻、雲、丘、電信柱、はらはら、さりさり、さらさら、……

何か、見えてくるものがありませんか。

それは、あなたにとって、耳に気持ちよく、心地よく入ってくるものではありませんか。

あなたにとって、声に出してみたくなるような言葉ではありませんか。

それらを集めてみると、言葉の内側にリズムや調べがあるということが、自分なりに感じられてくると思います。

それを追い求めていくと、内側のリズム＝内在律《ないざいりつ》というものにたどりつくと思います。

多くの人に愛されている詩であるほど、リズムを感じることができるように思います。このことを、どんなふうに追いかけていったらいいのでしょうか。

ここで少しだけ、俳句や短歌の世界に足を踏み入れてみます。

俳句、そして短歌は、五音と七音で形成されています。どうして五音と七音なのかということについては諸説がありますが、日本語のリズムの落ち着きどころのようなものが、これらの音数にはあるということは、『万葉集』の時代にさかのぼってみれば、はるかな歴史から証明されているといえます。

私は俳句も短歌も好きです。俳句はあまりそのような経験はありませんが、短歌は依頼をいただいて新聞や雑誌に発表したこともあります。どちらも好きなだけという程度のものですが、このように定型に魅力を感じることは、たとえば歌を作詞するときの気持ちにおおいに重なってくるところがあるように感じます。

これは現在、作詞をしているある賛歌《さんか》の歌詞です。まだ途中なので恥ずかしいのですが、紹介させていただきます。

賛歌

ひかりのはだし
くものうたごえ
めぐる野原で
虹とささやき

風のふるさと
緑のかなた
かがやく峰に
セキレイの翼《はね》

あしおと
あしあと
はるか
青空

ともに道あり

まず、冒頭の八行「ひかりのはだし」から「セキレイの翼」までは、すべて七音です。そして「あしおと」「あしあと」は四音、「はるか」は三音、「青空」は四音、「ともに道あり」

は七音です。三音と四音は、七音を分解したものとみなすと、考えとしてわかりやすいと思います。

この歌の場合、五音は登場していませんが、それも使っていいと思います。

厳密ではありません。私は二十数曲、校歌や記念賛歌を作詞させていただきました。合唱曲も制作させていただいています。探してみれば、いつもそのような定型のルールに従っているわけではありません。

ただ七音や五音というように、数を決めて集めてみると、意外にたくさんのフレーズや言葉の組みあわせを見つけることができるように思うのです。このことを試してみましょう。

ワークシート⑤

七音のフレーズを集めてみよう。

例　ひかりのはだし　くものうたごえ　ともに道あり　……

五音も試してみましょう。

土地に触れて浮かんでくる言葉たち

さて、校歌や記念賛歌には、一つの決まりのようなものがあります。

それは代々、その学校や町の方々が歌い継いでいくということです。

これはなにも作詞に限ったことではありませんが、やはりそこに共感がなければ、歌いつづけてはもらえないと思われます。

共感とは何でしょうか。たとえば、親しい誰かと交わす目くばせといおうか、ほほえみといおうか、そうしたものをその土地のたたずまいとやりとりしあわないと、うまく書きあげられないように思うのです。

そのためにはどうすればいいのか。

じつはかんたんなことです。その学校や町に、足を運んでみることだと思います。

自分で何度か経験したことがあります。

まず、足を運ぶ前に、言葉のスケッチを書いてみるのです。

そして、学校や町へ行ってみると、やはり違うものがたくさんあることに気づくのです。資料やインターネットなどで下調べをした印象とはだいぶ違ったり、そこから見えるはずの山や川が見えなかったり、違う風景が広がっていたりします。それに気づくために、足を運んでみます。

そのいわば新鮮さの発見の中で、前章で述べたような無意識に浮かんでくる言葉をつかまえることが、大事になってきます。

たとえば、この賛歌を書こうとして取材に出かけて、大事なフレーズとして浮かんできたものは「くものうたごえ」「ともに道あり」でした。

阿武隈《あぶくま》高地の中腹に位置しており、四方八方からたくさんの道がこの町に集まってきて、また方々へ広がっていきます。フレーズは心の中の無意識からやってきたように感じました。

宮沢賢治はいつも、生活そのものこそが芸術なのだと考えていました。

吉本隆明《たかあき》は宮沢賢治について、ある講演会で「どんな人間でも生活それ自体においてリズムが保てるなら、それはそのひとがつくっていると同じことなんだ。つまり、生活自体が芸術なんであって、生活をしながら芸術をするとか、生活はそっちのけにして専門的にやることがかならずしも芸術じゃないんだという言い方を宮沢賢治はしています」と語っていましたが、吉本の語りを通した宮沢賢治の姿を想っているうちに、それがよく見えてきました。

確かに彼は、みなさんもよく知っているような詩や童話を書きつづけながら、農業を教えたり、肥料の研究をしたり、村づくりの仕事に励みました。

芸術とは高いところにあるのではなく、私たちの暮らしに宿っているものであり、もちろんあらゆる勉強をした人でしたが、あくまでも故郷の暮らしや風景から何かを形にしようと考えていたのではないでしょうか。

岩手県の花巻《はなまき》をはるかな異郷《いきょう》の地と見立てて、その名も「イーハトーブ」と名づけて、異国の情緒《じょうちょ》を想像しながら作品の舞台としてそれを書きつづけました。

私たちの暮らす町の、あるいは遠く異郷の野原で、川のせせらぎや風の音や鳥のさえずりに耳を澄ませてみると、一つの静かな音楽が聞こえてくるかのようです。遠くでも近くでも、足を運び、土地の風土に触れながら、浮かんでくる言葉などを書きとめることからはじめてみてはいかがでしょうか。

私はよく、つぎのワークシートを小学校の授業などで使います。子どもたちに校庭に出て行ってもらって、空を見上げながら、このような質問に答えてもらいます。

ワークシート⑥

今日の空はどんな表情をしていますか。
空を見上げてみましょう。心に浮かぶことを書いてみましょう。

☆天気

☆色

☆音

☆温度

☆雲

☆鳥（飛んでいますか）

☆匂《にお》い

☆味

☆空を飛んでいたもの

☆空の言葉(何か聞こえた！　と思ったら　何でもOK　書いてみよう)

「匂い」は、見上げた場所で鼻で感じられることでいいです。近くにキンモクセイが咲いていたら、とてもいい匂いがします。あるいはさわやかな、かすかな風の匂いかもしれません。

「味」は、舌先に感じる感覚でいいです。「あまい感じ」「クリームパンが食べたい」など、小学校で教えると、いろんな答えが書きこまれていきます。

気がついた人も多いと思いますが、このワークシートでわかってほしいことは、空を見上げながら、視覚だけではなく、聴覚、味覚、嗅覚《きゅうかく》、触覚、という五感で、風景を感じようとしてほしいということです。

とにかく表面だけを眺めるのではなくて、積極的に足と体を使って大いなる自然の風景と向きあってみる。すると、無意識の心のどこかから〈空の言葉〉のようなものが浮かんでくるかもしれません。

それは五感で何かを感じようとしたとき、はじめて心に浮かび上がってくるものだと、私はいつも思っています。そしてそれが、ときには柱のようになって、詩の全体を引っぱっていくようなことがおこることがあります。

言葉は〈集まる〉

詩人の吉野弘《よしのひろし》は、手帳にいつも気になる言葉を書いていたそうです。

それをいつも持ち歩き、その言葉のまわりに別の言葉を書いていく。かなり長い時間をかけてその手帳のページがいっぱいになっていく。新しい詩を書きはじめようとして筆が動きだすまで、眺めては書き足しをしていったそうです。なかには何年もかけて、書きつづけたページもあったとか。

吉野は、言葉は〈集める〉のではない、〈集まる〉のだということを、エッセイで語っています。

村上春樹のように音楽からヒントを得て、何かを書きだそうとするとき、しだいに心地よいリズムや響きや調べのようなものが集まってくる。
そんなことを楽しみながら、最後にあなたの好きな音楽を言葉に書いてみましょう。

ワークシート⑦

好きな曲を聞いて思い浮かぶ風景を、言葉でスケッチしてみましょう。

例　ビートルズ「イエスタデイ」を聴いて

グローブを膝のうえに
のせて子どもが
公園のベンチで一人
座りながら
夕暮れを眺めている
鳥が

はるか遠くの雲を
飛び続けて
吸われるようにして
消えていった
空が暗くなって
電灯が点いた
母が幼い彼を
呼びに来た

好きな音楽を聴いて、浮かぶ風景があります。

ここまで風景を五感で感じることをお話ししてきましたが、この内容は言わば反対のことをするワークシートになるのかもしれません。

①好きな曲を耳にして、②聴覚のみならず五感で感じる風景を言葉で追いかけてみる、のです。五感で感じられる何かが、すばらしい音楽にはかならずあります。これらのことを楽

しみながら、やってみてください。それを言語化するおもしろさを知るほどに、詩を書こうとする力のレベルは上がっていきます。

第3章

言葉のかたまりをつくろう

——詩を書こう①

言葉が浮かんでくるとき

みなさんは、言葉が浮かんでくる瞬間の不思議さを考えたことはありますか。

朝、目覚めるとき、何気なく友だちと話しているとき、メールの返事をしようとするとき、一人でぼうっと空を眺めているとき、なぜだかなんの決まりもなく浮かんでくる言葉があります。

私はそれが詩を書くことのはじまりのように思います。こうして考えてみると、誰でも、毎日のように、いつも詩と向かいあっていると言えると思います。

言葉が浮かんでくるときとは、不思議なものです。なんの前触れもありません。考えぬいた言葉ではなく、ふっと浮かんでくる言葉のつぶやきのようなものに、とても説得力を感じることがあります。その言葉には、自分なりの芯《しん》のようなものがあるのだと、私はいつも思っています。

詩を書くときは、浮かんでくるものをそのまま捕《つか》まえようとすることが、とても大切になってくると思います。このことについては、古今東西、いろんな詩人たちが語っています。

谷川俊太郎さんは、無意識の話を、いろんな本の中でしています。

みなさんに伝えたいのは、言わば無意識の状態を、意識的につくりだすことが大切なのだということです。

私は辻征夫《つじゆきお》さんのこの詩の出だしが好きです。

ハイウェイの事故現場

詩を書く前には靴を磨くね
六〇年代のいつだったたか
リングで死んだデビー・ムーアが
試合の前夜いっしんふらんにリングシューズを磨いていて
たまたま取材に訪れた記者に
きみの靴も磨かせてほしいといったそうだけど
あれと同じかな

普段履いてないのも下駄箱から出して
五足も六足も磨くんだ

詩を書く前に靴を磨く……。なんという不思議な一行でしょうか。でも私にはとても魅力的に思えるのです。

詩を書く前にまず何かをする。そして詩がやって来るのを待つ。ここに書かれてあるような、靴を磨くような心持ちで、詩を書くための準備をすると考えてみるといいのではないでしょうか。

そこでまず、私はいろんな講座で、このようなワークシートを渡します。シートはなくてもいいので、白い紙に向かってやってみてください。五分間で、思いついたこと、何でもいいから書いてみるのです。ぜひ、試みてください。

ワークシート⑧

五分間で思い浮かぶ言葉・文章を書いてみよう。

さて、五分がたちました。意外にいろんなことが書けていることに気がつきましたか。書かれたものを、もう一度、静かにあらたまった気持ちで眺めてみてください。おそらく、脈《みゃく》絡《りゃく》などほとんどないものですよね。

でも私は、それが、今、この瞬間のあなたの心を映した鏡のようなものだと思うのです。

あなたはどうしてそんなふうに書いてみたのですか。答えなど明確にできなくていいのです。いいものが見つかったと感じたなら、線を引いてみましょう。あなたはどうしてそこに線を引きましたか。それも答えなどなくていい。ただ目の前にあるその言葉が、無意識のうちに、あなたを語っている言葉なのかもしれないのです。

それはたとえば、今まで出会ったことのない言葉であるかもしれません。それこそ、歓迎すべきものです。つまり、それは今のあなたを追いぬこうとしているあなたの、ほんとうの言葉であるかもしれないからです。

言葉と言葉が出会うとき

偶然の出会いを楽しむことが大事です。

たとえば、あなたはこの言葉をどう思いますか。

解剖台の上のミシンとこうもり傘の偶然の出会いのように美しい

これは、一八七〇年に二四歳で夭逝《ようせい》したロートレアモン伯爵《はくしゃく》著『マルドロールの歌』の第六の歌からの引用です。私たち、シュールレアリスムという芸術の方法を追いかけて、作品をまとめている人間としては、あまりにも有名すぎる一節です。

解剖台の上にミシンとこうもり傘があります。ただの偶然に過ぎない無関係なものが並んでいる一つの風景ですが、作者はそれらを「～のように美しい」とたとえてみせています。このような「偶然の出会い」に積極的に価値を見つけ出そうとする働きが、新しいイメージの表情を教えてくれるように思うのです。

この言葉と言葉の出会いはどうですか。大好きな俳句です。

水枕ガバリと寒い海がある　西東三鬼《さいとうさんき》

この句は「水枕」と「海」の二つの言葉がぶつかりあって、あたかも火花を散らしているかのようではありませんか。そしておたがいの言葉が、それぞれの意味をより深くしている感じがあります。これが俳句に見られるいわゆる取りあわせの妙《みょう》です。

詩は何でも入れこむことのできる器《うつわ》です。同じ日本語の詩歌である、俳句が培《つちか》ってきた取りあわせの術を、おおいに使わせてもらっていいのです。

無意識に浮かんできた何かと何かを組みあわせることにより、詩を書くためのヒントが見えてくることを述べたいのです。そのことを意識しながら、かんたんなワークシートをやってみましょう。

ワークシート⑨

①浮かんだ言葉をマス目に書いていきましょう。
②言葉に番号をつけていきましょう。

言葉	番号	言葉	番号	言葉	番号	言葉	番号

番号をなぜつけるのか？

じつは、この順番は、そのまま組みあわせの中身を決めるものになります。

あまりこだわらなくていいのです。こだわってしまうと、リズムといおうか、スピードを止めてしまうことになります。つまり、あなたが思いつくままのスピードが大事なのだと思います。

それを並べてみて、無理矢理にでも結びつけようとする、その試みの気持ちがとても大切なのだと知ってほしいのです。

たとえば、このような言葉を並べて、番号をつけたとします。

青空	3
拍手	1
約束	2

「拍手」「約束」「青空」の順番で、無理矢理にでも、言葉を並べて、文章をつなげてみましょう。

例をあげてみますね。恥ずかしいのですが、和合作です。

拍手が聞こえたような気がしたから約束をしよう　青空に
拍手のなかで約束が交わされていく　青空へと
拍手と約束と青空が　聞こえる　交わされる　深まる

みなさんもやってみましょう。

「このように、目の前に登場してきた言葉で、一つの言葉のかたまりをつくっていこうとする練習をしてみると、思ってもみなかったようなイメージとの出会いがあります。言葉と言葉が無規則なままに、偶然に並びあうときに、すでに私たちのトレーニングははじまっているのかもしれません。

しかし、はじめから、あまりこのことにはまってしまうと、疲れてしまいます。短く時間を決めて、取り組んでみるのがいいと思います。

それは新しい自分と出会う第一歩となります。」

この言葉がなかったら

つぎに、このようなことをやってみましょう。

古来、私たち日本人が美しいという趣を感じるものの中に、「花」「鳥」「風」「月」というものがあります。その中の一つを選びましょう。太線の四角の中に、選んだ言葉をあてはめてみましょう。

ワークシート⑩

を違う言葉で言いかえてみると……

例

花

を違う言葉で言いかえてみると……

・咲くもの
・開くもの
・蜜《みつ》があるもの

・色があるもの
・花壇にあるもの
・道ばたにあるもの

・種から芽生えるもの
・球根から芽生えるもの
・風に揺れているもの

・喜び
・かなしみ
・美しい

など

たとえば、「花」という言葉がなかったら、どんなふうにそれを言い表わしますか。ありえないことですが、この世界に「花」という言葉がなかったら、私たちは「花」を何と説明して生きていくのでしょう。

そのようなトレーニングをしていくと、連想力と表現力とが格段と身についてきます。格好いい言葉などは見つけなくてもいいと思います。とにかく書けるだけ書いていくと、おもしろいものが見つかっていきます。そこから言葉のヒントが見つかります。

たとえば「花」について、例にあげられているものを組みあわせて、「道ばたにあるかなしみ」「蜜がある喜び」などとすれば、自然にそれは「花」だと連想するフレーズにそれぞれがなっていくでしょう。

私の好きな詩のフレーズを紹介します。

丘のうなじがまるで光つたやうではないか
灌木《かんぼく》の葉がいつせいにひるがへつたにすぎないのに

大岡信《おおおかまこと》の代表作「丘のうなじ」の出だしの二行です。高くそびえる木の葉がいっせいに風を受けて、ひるがえっているようすを、たとえています。

この風景の事実を、そのままに書いてはいけないとして、一度封印《ふういん》してみることで、違う言葉が詩人には連想されています。

思い浮かんだ言葉は「うなじ」です。

このとき、心に浮かぶイメージは、人それぞれです。そしてそのイメージとは、その人だけの抽象的なものです。それでいて、みんながわかる普遍的なものでなくてはなくてはなりません。第1章で子どもたちの詩を紹介しながら語ったような、誰にでもわかるイメージの響きをもったものでなければなりません。

それは、世界にその言葉が存在しなければ、どのように言いかえることができるのだろうか、という先ほどのワークシートなどの練習をくりかえすことで、誰にでもわかるイメージの響き＝普遍的なものに近づいていくまなざしをもつことができると考えられます。

心のありかを探す

突然ですが、第1章で書いた自分への手紙を思い出しながら、つぎのワークシートをやってみましょう。

ワークシート⑪

自分とは何？「自分」を別の言葉で言い表わしてみよう。言葉でも、文章でもいいです。自由に書いてみよう。

例　くいしんぼう　泣き虫　スポーツマン　勤勉　青空　雲　海　など

ワークシート⑫

自分の今の気持ちや姿が感じられる文章や言葉を、本などで探してみよう。何でもいい。いいなと思われたものを、書き写してみてください。

雨上がりの青空を眺めて、ふと山のほうに目をやると虹が静かにかかっていた。

など

ワークシート⑪と⑫を並べてみると、なんだか今の自分の心のありかが見えてくるような気がしませんか。

心というものはたくさんの姿や形をしています。私たちは知らないうちに心の中のいろいろな表情と向かいあっています。

それをふと目の前の風景の中に見つけたとき、明るい気持ちの場合にはその光景が楽しく見えたり、暗い気持ちの場合には悲しく感じられたりします。それを心象《しんしょう》風景といいます。心は刻々と変化します。無意識に見過ごしてしまうことも多いし、言葉にしようとしてもうまく説明できませんよね。ほんとうはうれしかったんだとか、悲しかったとか、不安でしかたなかったとか、後で気がつくことも多いと思います。

詩人たちは、今の心を託した心象風景をたくさんの作品に残してきました。

たとえば、つぎの詩を読んでみましょう。

竹

萩原朔太郎《はぎわらさくたろう》

光る地面に竹が生え、
青竹が生え、
地下には竹の根が生え、

根がしだいにほそらみ、
根の先より繊毛《せんもう》が生え、
かすかにけぶる繊毛が生え、
かすかにふるえ。

かたき地面に竹が生え、
地上にするどく竹が生え、
まつしぐらに竹が生え、
凍《こお》れる節節《ふしぶし》りんりんと、
青空のもとに竹が生え、
竹、竹、竹が生え。

「竹」の言葉が連続して登場するとても有名な詩です。みなさんはどんな印象をもちましたか。

目の前の風景と、想像の風景が取りあわされているということに気づきましたか。

竹が強く植生している姿の中に、地面が光ったり、地下の根の伸びていく明かりのない世界までを幻視《げんし》しています。あたかもいっしょに眺めているかのような既視感を、一瞬にして私たちに与えてくれていますよね。

あまりにもスムーズに作品に誘われているので、気づかないかもしれません。だけど、じかに見えているのは地上の竹の姿だけであり、たとえば「光る地面」「竹の根」「けぶる繊毛」など実在しない（見えていない）想像による言葉を取りあわせて、あざやかな言葉のかたまりを全体でつくっているということにほかなりません。

ここで私が特に述べたいのは、この作品のモチーフがなぜ「竹」なのかということです。これがたとえば「杉」だったり、「向日葵《ひまわり》」だったりでは、どうして駄目なのでしょうか。それは作者のみぞ知るということなのかもしれません。しかし、ただ一つ言えることは、この「竹」というモチーフに、詩人のそのときの切実な自分だけの心の真実が投影されているということです。

そのうえで、この詩には誰でもわかるようなイメージの響き＝普遍的なものがある。その確かさが、私たちの心にも同じ響き、こだまを与えてくれるのです。

心象風景の中に自分の心のありかを探すということは、つまりは誰もが読んで共鳴する何かにたどりつくということに結びついていきます。

心の素顔が見える

本章の冒頭のワークシート⑧や⑨では、浮かんできた言葉などに線を引いたり、番号をつけたりしました。

このことをつづけていると、だんだんと自分にとってかけがえのないモチーフや言葉やフレーズに出会う確率がとても高くなります。つまり無意識の状態を自分にもたらすことを、意識的に仕向けていくことが、だんだんと自分の感覚に引き出しをつくってくれるようになります。

自分の今の心にとって大切なものを、まるでかけらを拾うかのように組みあわせていって、最後にかたまりをつくってみたときに、自分の心のパズルができあがったという気持ちになると思います。それらを俯瞰《ふかん》したときに、新しい自分の心や姿を、作品に教えられるのだと思います。そしてその作品から、新しい精神の力や思考の導き・啓示《けいじ》のようなものをもらうことができるのです。

だから詩を書こうとする前には、自分の心のほんとうの姿は見えていないほうがいいのです。詩が書きあがったときに、見えてくるぼんやりとしたものが、みなさんの心のほんとうの素顔なのです。できあがったときには、どうぞそこに対してほほえんでほしいと思います。

萩原朔太郎の詩をさらに紹介しましょう。これは私が詩を書く前に出会いました。なんとも衝撃的な詩に見えました。

春　夜

萩原朔太郎

浅蜊《あさり》のやうなもの、
蛤《はまぐり》のやうなもの、
みぢんこのやうなもの、
それら生物の身体は砂にうもれ、
どこからともなく、
絹いとのやうな手が無数に生え、
手のほそい毛が浪のまにまにうごいてゐる。

あはれこの生あたたかい春の夜に、
そよそよと潮みづながれ、
生物の上にみづながれ、
貝るゐの舌も、ちらちらとしてもえ哀しげなるに、
とほく渚《なぎさ》の方を見わたせば、
ぬれた渚路には、
腰から下のない病人の列があるいてゐる、
ふらりふらりと歩いてゐる。
ああ、それら人間の髪の毛にも、
春の夜のかすみいちめんにふかくかけ、
よせくる、よせくる、
このしろき浪の列はさざなみです。

一読してみると、春の夜の浜辺のようすを描いていることはわかりますが、もはやほんとうに見えているものは一つもない、幻視したイメージと言葉の取りあわせで成り立っている

ことがわかります。

しかし、ここに登場する言葉の一つ一つが、説明的ではなくて、感覚に直接に訴えてくるかのように浜辺の印象をはっきりと伝えてくれます。つまりは、不可視の世界でありながら、そこに海辺の姿が実際に眺めるよりもとてもあざやかに心に投げかけられてくるのです。

この詩がおさめられている最初の詩集『月に吠える』をまとめていたときの青年の萩原朔太郎は、病や心の悩みに苦しみながら、肉体的に精神的に追いつめられていました。

そのような事実を知らなくても、これを読み終えたときに、みなさんはどんな印象をもつでしょうか。詩人の生きるということへの問いかけや、成長感覚のみずみずしさに気づくのではないでしょうか。第1章で述べたような、子どもたちの詩に見受けられる味わいに似たものが、この詩の背後に感じられると思われます。

朔太郎もまた、詩を書きながら、自分に深くある葛藤《かっとう》や病理感覚と向きあい、それらと折りあいをつけるようにしながら、乗り越えていったのだと感じることができます。心のパズルピースを手探りで、心の中に広がる海と砂浜でそれを見つけるようにしながら、書いたのでしょう。

私がこの章で伝えたいと思うのは、**今の自分を自分で追いかけよう、乗り越えようとする**

精神の力です。それを無（意識）から有をつくりあげる心で、手探りしてほしいのです。
この章の冒頭で紹介した詩人の辻征夫さんが、あるインタビューで語っています。

「一篇の詩って一枚のカードみたいなものだと思う。いっぱいないと心の全部というのは表現できない」

なるほど。できあがった一篇の詩もまた、そのままさらなるパズルピースみたいなものなのかもしれません。
あなたの心を言い表わすには、たくさんのカード（パズルピース）を集めていかなくてはなりません。それがつまりはあなただけの大切な詩集に、ゆくゆくはなっていくのです。

第４章

言葉をつなげよう

――詩を書こう②

自己紹介ワークショップ

みなさんは自己紹介は得意ですか?

あたりまえのことですが、自己紹介は、自分をどれだけ語ることができるかという力が問われます。これまでに何度かしてきたので、いまさらこのことについてあれこれと説明したいわけではありません。

しかし、私は詩を書くことと、自分をよく知って、しっかりと語ることのできる力とは切っても切り離せない重要なものだと思っています。

そうでなければ、言葉の器に、現在の自分を鏡のように映し出すことは難しいのではないかと思っています。

新しい自分との出会いを求めて詩を書こうとすることを、ここまで語ってきました。そのためには、いま、ここに生きている自分と深く出会っていくことが、とても大切になってきます。そして自分のほんとうの姿とは、誰かとの関わりによって、はじめて立体的に見えてくるものだと思います。

まずは、ちょっと変わった自己紹介のワークショップをしてみましょうか。四人ぐらいのグループになってみましょう。

このようなワークシートを用います。

ワークシート⑬

①

自己紹介します。私の名前は（　　　　　　　　）です。

一人一人の目の前に、五行ずつで仕切られたワークシートを置きます。
そして①に自分の自己紹介を書きます。

②

③

①

私の名前は和合亮一です。
私は詩を書くことが好きです。

これまでもずっと詩を書いてきました。たくさんの方と出会ってきました。

気がつけば、二五年も書きつづけています。

これほど長くやりつづけていることは、ほかにありません。


こんなふうに、自己紹介を書いてみます。

みんなが①を書き終わったら、左の人に回します。

すると、自分には、右側に座っている人から、①に自己紹介が記入されたワークシートが回ってきます。

ここでつぎの②に移ります。
①の五行の自己紹介を読んで感じたことを、②に率直に書きます。
たとえば、こんなふうに。

②

二五年も詩を書きつづけているのですか。

それはすごいことですね。

私は書くことはあまりしたことがありませんが、詩を読むのは大好きです。

あまり周囲で読んでいる友人がいないので、もしお勧めの詩人がいるのなら、ぜひご紹介してほしいです。

こういう具合に、あくまでも①の内容を受けとめて、書きます。
さて、これで終わりではありません。また、それぞれ左にワークシートを回します。
①と②を読んで、感じたことを③に書いていきます。
たとえば、こんなふうに。

③

私は読むことも書くこともあまりしたことがありません。詩を書いている方とお会いするのも、はじめてだと思います。でも、素敵な景色やいまの気持ちを、自分なりに書いて、残してみたいという気持ちは昔からあります。
そうか、詩を書いてみるのもアリか……、なんて思いました。

こんなふうに①と②を受けとめた内容で書いてみると、いいですね。

しかし、こんなにうまくいかなくてもいいです。もっと気楽なおしゃべりを想像してみるといいでしょう。そして最後の一人、四人目の人へ回します。

④に進みます。

④

二五年って、とても長くつづけてきましたね。
私もふり返ってみて、こつこつとつづけてきたことは何だろうと考えました。
ほんとうに簡単なことで恥ずかしいんですけれど、朝起きたら、元気に家族におはようってあいさつします。
小さい頃から、毎朝、ずっとそうしています。簡単なことでごめんなさい。

などと記入されます。

さて、また、右から自分の手元に、①から④まで記入されたものが返ってきます。そしてこれで終わらないのです。

もとに戻りましたが、①から④を受けて、あなたは⑤を書いていきます。

そして⑥⑦⑧……、つづけられるまで……。

全体を読み通してみて、気がついたことがあると思います。
①の自分の言葉が、違う形になって、②から先へと進んでいっているということです。
さまざまな講座で、最初にこの自己紹介をやってみます。

見ず知らずの人たちが肩を並べてグループをつくり、言葉を交わす前に、文字だけの自己紹介をグルグルとはじめるのです。いつも感じることですが、これを終えると、たがいに親しみを感じている雰囲気がよく伝わってきます。

いわゆる目と目で交わす自己紹介を、私たちは真っ先に思い浮かべますが、このように言葉だけで自分の心が何らかの形で伝導していく瞬間を味わうことができたとき、心は奥底でつながっていくような気がします。大人も子どももこのことは同じです。この紙上の自己紹介の時間が終わると、すっかり打ち解けているようすがとてもよく伝わってきます。

この感覚。詩を書いて、見知らぬ誰かに自分の大切な何かを伝えていくことに、つながっていくように思うのです。

何よりもこのおもしろさを実感することが、この章でのポイントになっていきます。

言葉のカードをつなげる

もう一つ、自己紹介のタイミングで、小さな子どもたちといっしょにやってみることがあります。

緑の画用紙のカードを用意します。

それを葉っぱの形にハサミでそれぞれに切り取ってもらいます。一人一〇枚くらい。各自めいめいに、いろいろな葉っぱができあがります。

まずは自分の好きな言葉を、その葉の上に書いていきます。絵本や児童書、図鑑などがあると探しやすいようすです。

こんどはそれをテーブルに並べます。四人のグループなら四〇枚くらい、五、六人のグループなら五〇～六〇枚、たとえば「言の葉のカード」が並ぶわけです。

それをみんなで眺めながら、カードを何枚か好きにつなげてみます。セロハンテープなどで、見やすくつなげていくといいでしょう。何枚かのつながりが生まれていきます。

「青空」「ちっちゃい妹」「雲」「シュークリーム」「かわいい」

などと。このようなつながり、「言の葉のカード」の鎖《くさり》が何本かできあがります。

班のみんなで、カードのチェーンから文章をつくってみます。一つだけ大事なことは、カードの順番でまとめてみることです。

例　青空の下でちっちゃい妹が雲をシュークリームって言った　すごくかわいい

このような文章はとてもわかりやすい文章です。つぎのような場合はどうでしょうか。

「ロボット」「おもしろい」「トラック」「青い絵の具」「コカコーラ」

とにかくカードの順番で考えてみること。そこにみんなで責任をもって、投げ出さずに考えてみることが大切です。みんなで知恵やアイデアを出せば、最後はまとまるものです。

ロボットがおもしろいと笑ったら
トラックが青い絵の具を運んできた
コカコーラを飲んだ

変でもいいのです。ときにはゲラゲラ笑いながら、こんなふうにメチャクチャな言葉のつながりを、出会ったばかりのみんなであれこれと考えてみることで、何だかおもしろそうなものができあがってきます。

意味などは、つながらなくてもいいと思います。出会ったばかりのみんなで考えてみるということがとても大切なのです。そこに心のつながりが見えてきます。知らない友だちどうしだからこその新しい発見があるかもしれません。

このようなとき、言葉というものは、一人で見つけるものではないのだと、ぜひわかってほしいといつも思っています。みんなであれこれと探したほうが、思いもよらない何かが、ときに見つかったりします。そのような雰囲気をみんなではじめにつくりだすことが重要だと思っています。

少なくとも言葉のかたまりを、一人では難しくても、みんなとならつくりだすことができる。それがいつかは、詩というものにひょっとするとなっていくのかもしれない、という期待を静かにふくらませているのが、こちらにはわかります。

詩のつづきを書こう

〈つなげる、つづける〉ということから生まれるものがあります。

以前に「谷川俊太郎の詩のつづきをつくってみよう！」という授業を試みたことがあります。谷川さんの詩の出だしの一行から二行だけをお借りして、そのつづきを書いてみようという内容でした。

それを最後にはご本人に読んでいただき、その中のいくつかの朗読もしていただくというイベントもやりました(http://www.npo-branch.com/20051126-26.html)。ワークショップには五二人もの方々の参加がありました。これがじつに楽しかった。

出だしをお借りするだけで、さまざまな作品ができあがりました。

かっぱ　　　谷川俊太郎

かっぱかっぱらった
かっぱらっぱかっぱらった
とってちってた

かっぱなっぱかった
かっぱなっぱいっぱかった
かってきってくった

かっぱ

参加者（小学一年生）

かっぱかっぱらった
かっぱらっぱかっぱらった
とってちってた

かっぱらっぱふいた
かっぱもっとふいた
かっぱリズムとった

かっぱおどりだした
かっぱまどをあけた
かっぱそこでふいた

かっぱうまくなった
かっぱ力をふりしぼってふいた
かっぱはく手をもらった

かっぱチャンピオンになった
かっぱかっぱらった人に「らっぱあげる。」といわれた
かっぱうれしくなった

かっぱうちゅうにひびくらいふいた
ふいてふいてふいて
ふいてふいてふいてふいた

かっぱらっぱみがいた
らっぱきれいになった
かっぱらっぱなでた
かっぱらっぱわらった

未来

谷川俊太郎

青空にむかって僕は竹竿《たけざお》をたてた
それは未来のようだった

きまっている長さをこえて
どこまでもどこまでも
青空にとけこむようだった

青空の底には
無限の歴史が昇華《しょうか》している
僕もまたそれに加わろうと…

青空の底には
とこしえの勝利がある
僕もまたそれを目指して…

青空にむかって僕はまっすぐ竹竿をたてた
それは未来のようだった

未　来

参加者（小学四年生）

青空にむかって僕は竹竿をたてた
それは未来のようだった

山にむかって僕は大声でさけんだ
それはどこまでもひびいていた

木にむかって僕は手をのばした
それはどんどんのびていった

森にむかって僕は耳をすましてみた
それは新しい命の声だった

川にむかって僕は木の葉の舟を浮かべた
それはゆっくりと流れていった

町にむかって僕は歩いていった
それはみんなの笑顔でいっぱいだった

海にむかって僕は石を投げた
それはまっすぐ飛んでいった

青空にむかって僕は竹竿をたてた
それは未来のようだった

こうして考えてみて、私はあることに気づいたのです。

これは、ワークシート⑬の自己紹介や、「言の葉のカード」のワークショップと、内容として重なるのではないだろうか、と。

谷川さんの詩の一行の出だしを受けて、それを自分なりにつづけていくということは、そのまま〈つなげる、つづける〉というワークショップの時間と重なっていくのです。

これを谷川俊太郎さんにお見せしたところ、これは詩における「本歌取り《ほんかど》」のおもしろさですね、とコメントしてくださいました。

「本歌取り」とは何でしょうか。辞書の『大辞林《だいじりん》』には、このように解説がなされています。

和歌で、古歌の語句・発想・趣向などを取り入れて新しく作歌する手法。新古今時代に盛んに行われた。「月やあらぬ春や昔の春ならぬわが身一つはもとの身にして」を本歌として、「面影《おもかげ》のかすめる月ぞやどりける春やむかしの袖の涙に」と詠む類。

つまりは古い歌の言葉やイメージ、雰囲気などを取り入れて新しい歌としてつくっていくという方法です。このことは古い昔から、日本の文学には存在するものなのです。

本歌　　月やあらぬ春や昔の春ならぬわが身一つはもとの身にして

新しい歌　　面影のかすめる月ぞやどりける春やむかしの袖の涙に

「月」「春」「昔＝むかし」などの言葉が、取られているのがわかります。しかし何よりも、本歌の印象を引き受けるようにして新しい歌がつくられているということが、大切なのです。

こうして考えてみると〈つなげる、つづける〉ということは、じつに古くから試みられていて、多くの歌や俳句に影響を与えてきたことがわかります。

〈つなげる、つづける〉ことの楽しさを知れば、何かを書こうとする意欲はあがってくると直感しました。

詩を書こうと思わなくてもいいと思います。

好きな詩や文章の一行の、そのつづきを書いてみましょう。好きな一行の言葉、行のイメージをふまえながら、二行目からはじめてみましょう。

ワークシート⑭

好きな一行

二行目からは自由につづけてみよう。

できれば、ワークシート⑬で自己紹介した仲間たちと、ワークシート⑭でできあがったものを見せあい、あれこれと自由に感想などをもらうといいでしょう。

詩を連ねる

さて、ここで〈つなげる、つづける〉と似ている言葉として私に思い浮かぶのは、〈連ねる〉です。

「宇宙連詩」の紹介です。

宇宙は何でも吸い込みそうな真っ暗闇、
46億年前に光と共に太陽は生まれた
地球は青く輝くいのちの星
40億年前に生命は海に生まれた
川をのぼり、陸に上がり、空に舞い上がった。

毛利衛《もうりまもる》

わたしはカモメ！　カモメなの！
濡れた砂から　そっと飛べば
帆船のなかで　星占いするヒトが見えてきて

新藤涼子《しんどうりょうこ》

星占いの名人でも
星の胎内《たいない》で生じている
新たな星の誕生劇は見徹せない

ましてあなたの胸の火花の
ゆくえを予言するなんてことは
大岡信

これは、日本宇宙開発機構がかつて取り組んでいた「宇宙連詩」の一つです。

私もこの連詩に参加しました。宇宙に思いをはせた連詩を試みて、それらをインターネット上はもちろんのこと、たとえば宇宙船や宇宙ステーションの中へも回線をつないで読めるようにして、アーカイブスも作成しながら未来へと残していこう、という壮大な企画のもとに広がっていったものです。

参加させていただいたり、連詩のワークショップの講師などもさせていただいたりして、じつに楽しかったことを覚えています。ホームページ上でも閲覧《えつらん》できますので、どうぞご覧ください(http://iss.jaxa.jp/utiliz/renshi/rule.html)。そこに掲載されている説明文をここに挙げさせていただきます。

まず連詩のルールです。

ルール1：宇宙連詩は、5行詩、3行詩、5行詩、……と、5行詩と3行詩の繰り返しから構成されます。直前の詩が5行詩(3行詩)であれば、3行詩（5行詩）を応募または寄稿ください。

ここにも第2章で述べたような定数による行数のリズム、五行・三行、……、五・三のリズムがあるということですね。「応募または寄稿ください」とは、当時、ホームページ上にて、これらの連詩を日本宇宙開発機構で募集していたのです。インターネット上に連詩の会があったということです。おもしろいアイデアですね。

ルール2：直前の詩の中から、ある言葉、または、ある1行を引用して、自作の出発点にしてください。引用は、直前の詩の中の言葉、行を、そのまま引用しても良いですし(例1)、直前の詩の中の言葉、行のアイディアを踏襲し、別の言葉にしても良いです。(例2)

例1：第3詩を詠んだ、大岡信さんは、直前の詩（新藤涼子さんが詠んだ第2詩）の中の「星占い」という言葉に注目し、その言葉を、そのまま引用することで、第3

詩の出発点としています。

例２：第2詩を詠んだ、新藤涼子さんは、直前の詩（毛利衛宇宙飛行士が詠んだ第1詩）の中の「空に舞い上がった」というアイディアに注目し、その言葉を出発点に、「私はカモメ！　カモメなの！」と引用して、第2詩を詠んでいます。

注：傍線は筆者

そのまま引用しても、あるいはアイデアに注目してその言葉を出発点にしてもいいという説明ですが、とてもわかりやすいですね。そしてこれは連詩のみならす、詩をつくる方法にもそのままあてはまっていくと思います。

ルール３：連詩をつくるときは、以下を心がけましょう。

＊前の詩からポンと飛ぶこと
＊次の人が続けられること（完結しないこと）
＊具体的であること（抽象的でないこと）

ポンと飛ぶ、完結しない、抽象的でない……。これも大きなヒントを与えてくれますね。

ここまで連詩の説明をしてきましたが、あまり堅苦しく考えずに、詩を書きはじめるきっかけを探すようなつもりで、取り組んでみてはどうでしょうか。詩ではなく、言葉のかたまりをつくるような気持ちで……、冒頭のワークシート⑬と同じように、四人ぐらいで向きあいながらやってみてはいかがでしょうか。

最初の五行、書きはじめるのは何でもいいと思います。それが言わば、この第4章における「本歌取り」の最初になります。

どうしても思い浮かばなければ、最初の一行は、ワークシート⑭の一行目に書き写した好きな詩や文章ではどうでしょうか。

ワークシート⑮

五行・三行……の枠をつくっていく。

複数人でグルグルとやっていくと、おもしろいものが生まれてきます。そして一つのことに気づくと思います。複数人にしかわからない、呼吸のようなものが生まれているということに。

その複数人でしか味わうことのできない何かを、見つけてほしいと思います。それがかならず、一人で何かを書こうとするときの助けになると、私は思います。

「……と私」の視点で書く

複数人ではなく、一人連詩も試みてみるのはどうでしょうか。つまり、ワークシート⑮を用意して、一人で書きつづけてみるのです。少し寂しい気持ちもしますけれど。でも、それは詩を書く人のメモにほかならないのかもしれません。

詩には、行分け、そして言葉のかたまり＝連《れん》というものがあります。行と連のくりかえしが詩なのであるとするならば、詩人とは複数の自分と、ずっと連詩を書きつづける存在にほかならないのかもしれません。

金子《かねこ》みすゞの研究者として知られる、金子みすゞ記念館館長の矢崎節夫《やざきせつお》さんと、食事をさせていただいたことがありました。金子みすゞの詩の魅力について、こんなことを話してくださいました。


人間とはいつも一人称ですべてを考えようとしてしまいがちだ。たとえば、私とあなた、私と自然、私と社会、……。しかし、この詩人はいつも「と私」という視点で詩を書いてきたように、研究をしていて感ずる。

あなたと私、自然と私、空と私、海と魚と私、社会と私、のように、……と、それから私。

そこにあるのは、いつも何かに寄り添おうとする私のまなざしであるに違いない。

私と小鳥と鈴と

金子みすゞ

私が両手をひろげても、

お空はちつとも飛べないが、
飛べる小鳥は私のやうに、
地面を速く走れない。

私がからだをゆすつても、
きれいな音は出ないけど、
あの鳴る鈴は私のやうに、
たくさんな唄は知らないよ。

鈴と、小鳥と、それから私、
みんなちがつて、みんないい。

こうしてふり返ってみると、3章までは、自分とは何かを考えつづけることと詩を書くことの重なりを述べてきたかもしれません。

本章では、その方法とは違う山の入り口と登り方をお話ししたことになるのかもしれません。

「……と私」あるいは「それから私」の視点で、何かを書いてみようとすること。誰かと何かと出会いながら、ともにつなげる、つづける、連ねていくこと。

詩とは、閉ざしていくものではなく、他者への扉をどんどん開いていくものなのです。自分をよく知り、相手をよく知り、同じ呼吸を感じるとき、書かれるべき新しい詩が、あなたと仲間たちにかならず見つかるはずです。

何よりもその楽しさに気がついたとき、ほかの場所では得られない、心の奥深くわかりあえる仲間と出会う瞬間を味わうことができる、と信じています。

第5章

言葉の橋をかけよう

——詩を書こう③

風景に心を映しだす

たまにあることです。

詩を書いていて、その先が止まってしまうこと。

窓を開けて、じっと黙りこんでいます。すると、雨がぽつぽつと、降りはじめる音が聞こえる。しだいに、ざあっという大きな音に変わっていく。

それをただぼんやりと眺めていると、気分が変わってくる。また何かを書こうという気持ちが湧いてきて、筆が進みはじめます。

こんなとき、私は風景に助けられた、と思うのです。

私たちに感動を与えてくれた、マラソンランナー、オリンピック・メダリストの有森裕子さんと、あるイベントの中で対談をさせていただいたときに、重なるようなお話がありました。レース中に走りつづけていて、苦しくてしかたのないときに、まわりの風景から力をもらっているような気がするときがある。それを感じたとき、新たに走りぬけようとする気持ちになる、と。

有森さんと自分とを並べてしまうことに申し訳なさを感じつつも、同じだと私は思ったのです。苦しいときに「風景に助けられた」と思う実感のようなものが。

たとえば私たちの身のまわりに、心のサインといおうか、スイッチといおうか、そのようなものが隠れているのかもしれません。

だから、私たちは風景に惹かれるのではないでしょうか。

これは私の好きな詩、宮沢賢治の詩の「春と修羅《しゅら》」の冒頭部分です。風景に心の姿を映しだそうとしているようすがよくわかります。

心象のはひいろはがねから
あけびのつるはくもにからまり
のばらのやぶや腐植《ふしょく》の湿地
いちめんのいちめんの諂曲《てんごく》模様
（正午の管楽よりもしげく
琥珀《こはく》のかけらがそそぐとき）

怒りのにがさまた青さ
四月の気層のひかりの底を
唾《つばき》し　はぎしりゆききする
おれはひとりの修羅なのだ
（風景はなみだにゆすれ）

心というものを、どんなふうにたとえてみることができるでしょうか。「心象風景」という言い方があります。古来、芸術家たちは自分の心の姿を風景に探してきました。風景に今の自分の気持ちを託すようにして、たとえば言葉や色やメロディにそれを重ねてきました。

私が詩を書きはじめた頃に、よくやっていた、イメージトレーニングがあります。

みなさんは『アサヒカメラ』や『日本カメラ』などの写真雑誌を見たことはありますか。私は詩のモチーフを探して、ときに熱心にそれを眺めます。

とくに興味深いのは、投稿のコーナーです。その月に雑誌に集められた、一般の読者の方々の作品が送られてきます。それを評者が見て、特選から順番に選んでいき、くわしくコメントをします。

私はいつしか好きな写真を雑誌から切りぬいて、ノートに貼るようになりました。幼い頃からそもそも、切りぬいて貼る、という行為が好きなのです。そして、その空いたスペースに浮かんできた感想の言葉やフレーズを書くようになりました。

沈黙している一枚一枚が何を語ろうとしているのか。耳を澄まそうとするときに浮かんでくるものと向きあう時間は、言葉を発するということにおいて大切な瞬間の連続なのだとわかるようになりました。

しかし、創作をするために、というはっきりとした目標を掲げてというわけではありませんでした。大好きな音楽を聞きながら、リズムに合わせて体を揺らすような楽しい心持ちで、写真と言葉の組みあわせをしました。

自分の中に新しい羽根が広がっているような感覚を覚えました。こんな言葉や想像が自分の中にあったなんて……という発見がいくつもありました。

肩の力をぬいて、リラックスした状態でおこなうことが大切です。遊び心をもっていないと、いろいろな言葉は浮かんできません。はじめは好きなＢＧＭを流したり、おいしいコーヒーを飲みながら、試みるのがいいと思います。

何かのタイミングで、そのページの評者のコメントをもう一度読み直してみました。とうぜんながら、自分とは違う印象が述べられています。それを読み、自分のものとくらべてみるうちに、他者と自分のまなざしの違いのおもしろさを深く感じました。なるほど。このような写真の見方があるのだという感動とともに、思い浮かばなかったイメージとの出会いを新たに感じることができて、心の引き出しの奥行きが増えていく感覚を覚えました。

この経験は、写真や絵画などビジュアルなものと詩とを組みあわせた作品をつくるときなどに、おおいに役立っています。みなさんにお勧めしたいです。

ワークシート⑯

好きな写真や絵を貼って（カラーコピーなど）、思い浮かんだ言葉やフレーズを書いてみましょう。

写真や絵など貼る

☆

一人ではなく、グループでやってみてもおもしろいです。このワークシート⑯を、たとえば同じ写真や絵などの素材で、数人でやってみます。終わった後に、みんなで読みあいをしてみます。

☆欄には読みあったときに、相手に自分の書いたもので気に入った言葉やフレーズをメモしてもらったり、読んだ感想を短くコメントしてもらったりするといいでしょう。

そうすると、先ほど私が述べたような他者のまなざしの存在に気がつくことができます。イメージの広がりを感じることができます。

詩を書くこととはつまり、相手に自分のイメージを受けとめてもらうことです。書いたことのよしあしではなく、どんなふうに伝わったのかを感じることが大切です（一人でおこなう場合でも、☆欄に、たとえば切りぬいた写真の評者のコメントをメモしたり、そのままコメントのコピーなどを貼ってみてもいいと思います）。

印象を組みあわせる

つぎに進みましょう。

たとえば、ここに三枚の写真(または絵やイラスト)があったとします。それぞれに何の関係性もない写真がいいでしょう。それを三枚、順番に並べてみます。

何度もワークシート⑯をやっているうちに、写真や絵の沈黙に耳を澄ますということに慣れてきたと思うのです。ワークシート⑰はその応用編です。

三枚を並べてみて、思い浮かぶ印象を自由に書いてみましょう。何でもいいです。たった一言でもいいと思います。大切なことは、一枚だけのいろいろな想像ではなく、複数枚から浮かんでくる想像を試してみるということです。イメージはいろいろな絵の具のように混ざりあいます。

写真が並んだことによって、新しいイメージが生まれてくる瞬間が、かならずあります。火花が上がるように、何かと何かを組みあわせることで、浮かんでくるもの。そこに思いもよらなかった新しさが眠っています。

そして何らかの順番がそこに生まれるときに、詩の言葉を書き並べようとする入り口のようなものが見えてくると思います。

たとえば、一枚だけの写真からイメージしたものを書いてみましょう。ワークシート⑯を活用してみてください。

例

さあ　一杯の水を飲みほそう
青い空に手を伸ばすようにして
雲と話をするようにして
私の心の中のグラスを傾けるようにして
あなたに大切なことを
ささやくようにして

こんなふうに、まず、メモをしてみます。
そして、つぎにワークシート⑰をやってみます。

ワークシート⑰

B

A

C

例

空の中に
コップ一杯の水を想う
それは

青いガラスの中で
静かに揺れているのだ

それは
幼い頃に
夢中で遊んだ
小屋の窓辺で
静かに揺れているのだ

僕は
いくつになっても
それを
まだ心の中で
静かに揺らしているのだ

写真A～Cを一枚ずつ書いてみた内容（ワークシート⑯）と、三枚を並べて書いてみた内容（ワークシート⑰）とをくらべてみると、おもしろいことがわかると思います。

明らかに浮かんでくるものの印象が違います。三枚の世界になると、そこに時間や空間の流れや、何らかのストーリーがもたらされてきます。ただし反対に、ほかの写真との関係性により、見えない何かに縛《しば》られてしまうような印象もあるかもしれません。

一つの写真をじっと見つめることと、一本の映像を眺めることとの違いのようなものが、そこには存在しているし、詩を書く入り口として心が動かされるものがあるとするならば、ワークシート⑯でも⑰でも、どちらの方法でもいいと思います。

詩から図へ、図から詩へ

さて、これは何だと思いますか。ある近代詩人の代表作の一つです（もとの詩には囲みはありませんが、空間をはっきりしめすためにつけてあります）。

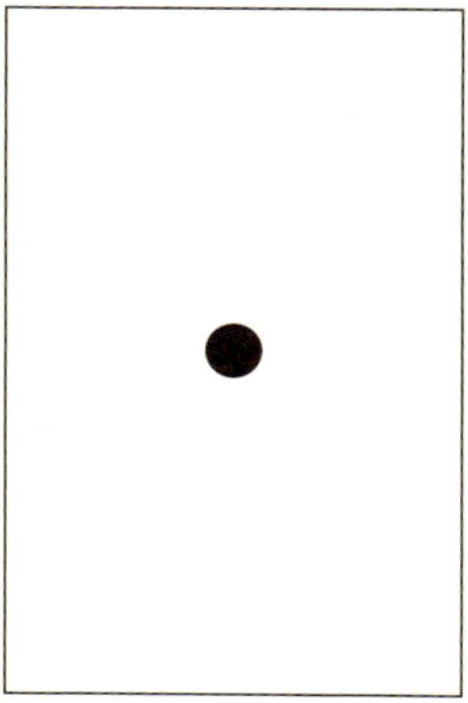

え、これが詩？　そんなふうに思った方は多いですよね。もちろん。

これは草野《くさの》心平《しんぺい》さんの詩です。これをじっと見つめて、あなたはどんなタイトルを思い浮かべますか（答えはつぎのページ）。

さすが「蛙の詩人」として名高い草野心平さん。この作品は海外でもとても人気があるそうです。日本語を知らなくても伝わる作品。じつにユニークです。万国共通。

もう一つ、この詩人の詩を紹介しましょう。

（Ｑは声をだしてよまないでください）

「Q」というアルファベットが集まって、なにやらもぞもぞとしています。「蛙」をテーマにたくさんの詩を書いた詩人ですから、ぱっとみておたまじゃくしを連想する方も多いと思います。「Q」＝「クエスチョン」という意味が重なり、さまざまな質問が頭の中に集まってしまっているような状態を連想したりもします。

詩のタイトルは「冬眠」と「天気」です。おもしろいですね。草野心平は命名の天才です。この作品に出合ったとき、そこに具体的な言葉などがなくても、何かの図柄があって、タイトルがあるだけで、一篇の詩になってしまうのだと感心しました。

さらに私は考えが進んでいったのです。図像や図形が詩になる、ということを草野心平は教えてくれたのだから、その反対を考えてみてはどうだろう。つまり、詩の中に図形を探してみようということです。

ワークシート⑱

つぎの詩を読んで、思い浮かぶ言葉や線や記号やさらなる図を、横線を引いただけの空間に書いてみましょう。

見つけた

ある子どもは朝から　帳面に
真横に　引いてばかりだ
そうしては　やり直す
違う　こうじゃない

ある子どもは真昼に　黒板に
横線を　試しては消す
そうして　チョークを動かしつづける
違う　こうじゃない

帰り道に　アスファルトに小石で

横の棒を描いては　ためいきをつく
そのいくつかは　はっきりとした跡になり
しばらく道に残る　違う　こうじゃない

首を振り　子どもたちは
ランドセルに　雲をしまいこみ
いつか　うなずく
ある季節に　見つけるのだ

はるかかなたの水平線に

例

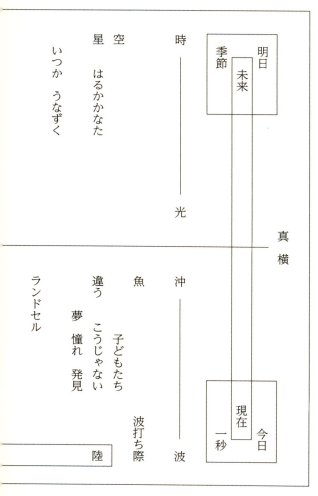

明日
未来
季節

真横

今日
現在
一秒

時——光

沖——波

空

星　はるかかなた

いつか　うなずく

魚

子どもたち

波打ち際

違う

こうじゃない

夢　憧れ　発見

ランドセル

陸

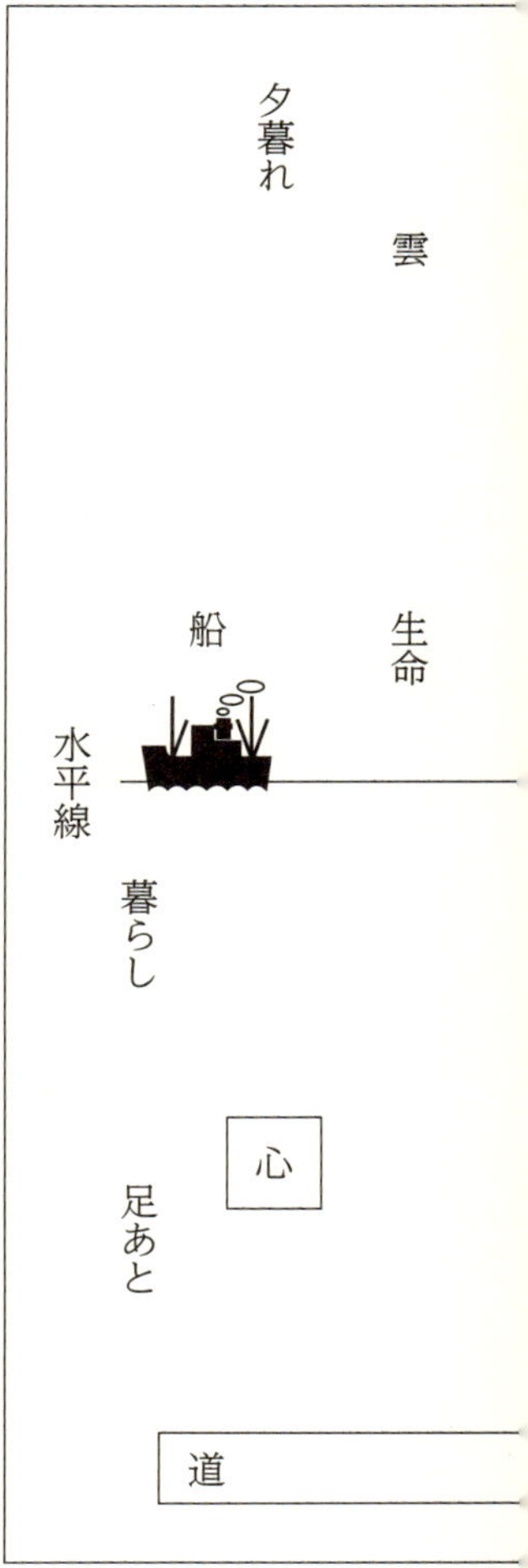

この例で考えてみます。ちなみに「見つけた」という詩は、書き上げたばかりの私の詩です。

横に引かれた線を水平線とみなして、そこに図や言葉を書き足してみると、何か不思議な図ができあがります。

これらを設計図とみなして、新しい詩を再度書いてみましょう。

ワークシート⑲

ワークシート⑱でできあがった図を横におきながら、さらに思い浮かぶ言葉やフレーズをメモしてみましょう。

例

はるか

沖の光と

憧れを運んで
生命と船とが
過ぎていく

水平線が
真横になり
季節と今日とを
運んでいく

どこへ
一秒先へ
明日へ
夕暮れへ

空へと　魚が跳ねる

波打ち際に
雲と子どもの
あしあとがある

言葉の設計図が新しい建築を生む

自分の詩を図形化して、また書いてみるなんて、すごく不思議なことをしてみましたが、なかなかおもしろかったです。

柳美里《ゆうみり》さんは数多くの小説を書かれている、現代を代表する作家の一人ですが、創作にまつわる話をしていて、あるときに「一つの小説を書き終えると、その書き終えた作品が別の作品を連れてくる気がする」と語ってくださったことがあります。

今、試してみたことは、このことによく似ているのかもしれませんね。

作品を書き終えたときに、図に表わしてみた骨組みのようなものが心に残って、つぎの何かを呼びこもうとしているのかもしれません。それは自作に限ったことではなくて(むしろ、この稿をまとめるために、一三二ページの図ははじめてやってみたことでした)、いろんな詩で試してみてください。

いい詩は心に言葉の設計図、きちんとした骨組みのようなものを残します。それはたくさんの建築物を建ち並ばせようとするかのように、別の言葉の建築を招こうとしています。

のちのおもひに

立原道造《たちはらみちぞう》

夢はいつもかへつて行つた　山の麓《ふもと》のさびしい村に
水引草《みずひきそう》に風が立ち
草ひばりのうたひやまない
しづまりかへつた午《ひる》さがりの林道を

うららかに青い空には陽がてり　火山は眠つてゐた
――そして私は
見て来たものを　島々を　波を　岬を　日光月光を
だれもきいてゐないと知りながら　語りつづけた……

夢は　そのさきには　もうゆかない
なにもかも　忘れ果てようとおもひ
忘れつくしたことさへ　忘れてしまつたときには

夢は　真冬の追憶のうちに凍るであらう
そして　それは戸をあけて　寂寥《せきりょう》のなかに
星くづにてらされた道を過ぎ去るであらう

詩人の立原道造は、若くして将来を嘱望《しょくぼう》された建築家でした。たくさんの方に親しまれている詩篇のほかに、建築図面、建築評論、パステルなどによる彩色画などを残しています。それらは『立原道造全集』（筑摩書房刊ほか）などで目にすることができます。立原道造はよく、設計図を書く専用の机や板の上などで、仕事としての設計図のみならず、たくさんの詩のスケッチをしていたそうです。

詩人の小池昌代さんは、ある対談で、建築家でもあった立原道造の詩の魅力について、このように話されています。

詩というと、普通はなだらかな曲線というか、見えない波動のウェーヴがその中に通っていることが多いと思うんです。自然が持つ曲線と言ってもいいと思います。でも、立原道造の詩を読んでいると、その裏側にイメージとして、直線がスッ、スッと出てくることが多いんですね。これはどこからくるものなのか……。私が建築家である立原を意識して読むからそうなのか、あるいは、立原道造の詩の中に、そういう建築設計図的な、直線的なものがあって、それが読む者の中にイメージとして表れてくるのかなと思ったり……。

小池さんのお話の中に「建築設計図」という言葉がありましたね。

たくさんの方に彼の詩が愛されている理由の一つは、彼の詩の中にはしっかりとした図形・記号が隠されているからなのかもしれませんね。まずは立原道造の詩から、このワークショップをはじめてみるのがいいのかもしれません。

本章のはじまりに、宮沢賢治の詩を紹介しました。宮沢賢治は自分の書いた詩はすべて

「心象スケッチ」だと書き記しています。自分が暮らす故郷の花巻を「イーハトーブ」と名づけて、東北の風景を旺盛に詩や童話に書いてきました。

たくさんの人が、詩人が愛した風景に親しみたいと思い、花巻にやってきます。

春と修羅　序

わたくしといふ現象は
仮定された有機交流電燈の
ひとつの青い照明です
（あらゆる透明な幽霊の複合体）
風景やみんなといつしよに
せはしくせはしく明滅しながら
いかにもたしかにともりつづける
因果交流電燈の

ひとつの青い照明です
（ひかりはたもち　その電燈は失はれ）

宮沢賢治は語ります。私もまた目の前の景色の一つの「わたくしといふ現象」に過ぎない、と。

そのときに詩人は風景に問うのです。私とは何か、と。

故郷の景色と向きあって、何かを築きつづけていきます。それは言葉による建築であり、一つ一つが美しい骨組みの詩や童話になっていったのかもしれません。

彼の詩にはたくさんのカッコやカギカッコ、ほかにもアルファベットなどが登場します。それは風景の中に、心の像の図形や記号のようなものを見つめようとしたことにほかならなかったのではないかと想像します。そのままそれを詩に紡《つむ》ごうとしたのではないか、と。

この章でみなさんにお伝えしたかったのは、風景の中に隠れている、心の図式・図形・記号＝サインのようなものを、じっと見つめようとすることの大切さです。

第6章

新しいアクション

アクションだ!

詩とは新しい何かをいつも求めています。この章では、二十数年間、私がそう信じてきたことをお話ししたいと思います。

はじまりは大学時代でした。

自分の青春のエネルギーを何かに向けたいといつも思っていましたが、それをなかなか見つけることができずに、どこか不完全燃焼の思いをかかえていました。そのようなときに、詩と出会ったのです。この本で紹介している近代の詩人たちの詩や現代詩を読み漁《あさ》りました。直感しました。詩を夢中になって書いてみたい、自分の青春をかけてみたい、と。

それから少しずついろいろな作品の真似をしながら書くようになりました。

書いただけでは飽き足らなくなりました。この本で詩を書きはじめたみなさんも、しだいにそんな思いを抱いていくと思います(抱いていってほしいです)。

最初の本格的なワードプロセッサーが世に出まわったころ、一生懸命にアルバイトをしてお金を貯めて、それを購入しました。活字になった自分の詩に感動しながらも、なおさら誰かに見せたいと思いました。その作品をプリントアウトして、大量にコピーをして、大学のキャンパスで配りました。ときには、学生たちがたくさん降りてくる駅の出口などに立って、渡したりしました。

これぞ私の青春の大暴走だったのかもしれません。

詩とは何だと思いますか。

詩とは悲しみである、詩とは誰かに宛てた手紙である、詩とは心の調べである、などいろんな定義を古来たくさんの詩人たちがしてきました。私はそのどれにもうなずきます。

あなたにとって、詩とは何ですか。

詩とは（　　　　　　　　　　）である。

私はこのとき、こんなふうに思っていました。

詩とは行動である。

アクションである、と。

誰かに詩を渡したくて、自分で考えて、懸命にそれを形にしようとした若気のいたりの経験が、その後の二十数年の人生を、いまでも支えてくれています。いつでもこのときの原点に立ち戻ろうという気持ちがどこかにあります。

もちろん、かならずしもうまくいったわけではありませんでした。たとえば、学内までの道のりやキャンパスには、渡したばかりの紙がたくさん捨てられていました。それを全部拾いながら、一限目の授業に向かったものです。

これが自分の現実だ。つぎには捨てられないものを書いてやろう、と。

アクションだ、アクションだ、と。

このことは、ぜったいに伝えたいのです。

かならず、読んでくれる人や応援してくれる人があらわれます。昔から詩が好きだという人、詩を読んだことははじめてだけれど、とてもよかったと言ってくれる人、熱心にアドバイスをしてくれる人、……。

このような活動をしているうちに、しだいにアクションに対してリアクションを返してくれる仲間や先生と出会うようになったのです。だんだんと新しい仲間たちの輪ができあがって、カフェなどで語りあったりするようになりました。最後はコピーの手づくりではありますが、みんなで雑誌をつくったりしました。

このようなリアクションを感じることができたのも、小さいながらもまずはアクションを起こしたことがきっかけになったと、いまも思っています。

さまざまな出会いの中で、雑誌つくりや朗読会を重ねました。人と出会う中で、自分の書きたいものを見つめていったということがとても重要でした。いまもそう思っています。

その後、二十数年ものあいだにいろんなイベントを企画したり、参加したりしてきました。

光のしずく

まず紹介させていただくのは、福島でおこなわれた街づくりのイベントの一つです。

つぎの文章は、そのイベントの内容をエッセイ風にまとめて、ある雑誌に発表したものの抜粋《ばっすい》です。

☆　☆　☆

ある日、不思議な依頼が舞い込む。

福島の街の木それぞれに名前をつけて、さらにそれをタイトルとして、一本ずつ詩を添えて欲しいというお話。

何本ですか。

「七四本です」。「ディスプレイを一つずつ作って詩を展示します」。「一二月からの街路樹のイルミネーションの明かりの下で、みなさんに詩を読んでもらいます」と。

つまり七四本の木に詩を添えるということである。

イルミネーションのイベントの名は「光のしずく」と聞いた。良い名前だ。

街へと出掛けた。すぐに分かったのは、こんなにも自分の暮らしている街に、たくさんの木が整然と美しく並んでいたという事実である。

そして当たり前だが、一本一本、違う。

福島は小さな街だ。こうして木を眺めてゆったりと歩いてみると、あまり大きくはない森の中にいるような気分になってくる。やっぱり風に吹かれてみないと分からないものだ。言葉にしたいことと街のたたずまいとがつながったのか、ようやく一つずつ詩が浮かび始めた。ぽつぽつと書き続けているうちにとても面白くなってきた。筆が早く動き、ほぼ五日間で七四編が出来上がった。

名であるが「〇〇の木」というふうに統一をした。「幸福の木」や「結婚の木」や「初恋の木」あるいは「気になる木」(どこかで聞いたタイトルだが……)などと付けたものもあれば、「絶望の木」「怒りの木」「裏切りの木」もある。街に暮らす人々のあらゆる感情の有り様を描きたかった。

着々と飾りつけが完成して、一二月に入ると明かりが灯された。初日には点灯式が開催され、かなりのにぎわいであった。毎週金曜日と土曜日の夜は歩行者天国となり、木の前で記念写真を撮っている人々が数多く目に止まった。特に小さなお子さんを連れた若い家族が、楽しそうにしているのを見つけると、これがささやかな楽しみになっているんだと思った。足を止めて、詩を読んでくださっている人々もそちこちに見かけられた。

さらに企画は進んだ。私が名付けた木に、例えばあなたならどんな想いを込めるかというリアクションを、広く募集することになった。「しずくカード」という、滴の形を模した黄色いビニールのカードが大量に配られて、そこに寄せるメッセージをしたためていただき、どんどんつり下げていくというものである。夜になるとそれが反射して、きらきらと輝く。面白そうである。こういう発想は、詩人ではなかなか思いつかない。

文字の書かれたカードは六〇〇〇枚近くも集まった。特に「幸福の木」「願いの木」「結婚の木」などが多かった。そして自分のカードを探して、記念写真をそこで撮ろうという場面が、数多く見受けられた。夕方から夜に街に出かけていくと、おじいちゃんやおばあちゃんも一緒になって家族みんなで写真に入り、その後で食事をするなどというほほえましい光景に何度か出会った。

反対に「別れの木」は、人気がなかった。地元の新聞の誌面である時に、カードの枚数の多い順に一位から七四位までを発表した。一位の「幸福の木」は三二四票であったが、「別れの木」は三票で最下位であった。様子を見に行くと、人気のある木はまわしのようにカードを腰につけているのに対して、ひらひらと三枚だけが風にもの悲しく揺れているだけであった。

そのカードを手にしてみると、きちんとした文字で、心のこもった文面であった。それは離婚をする直前に、だんなさんにあてたメッセージだった。「これから別々の人生を歩くと決めた私たちだけれど、お互いに幸せになろうね。直接に言えないので、ここに書きます。」とまとめられていた。にぎわいのある冬の通りで、心の奥がしいんと黙ってしまった。カードが集まる木ばかりが、良いというわけではないな、などと呟いてみた。

こうやって光に彩られた道を、みんなで歩いているけれど、それぞれにみんな違う道の上にいるのだ。小さな街路を抜ければ、各自めいめいに自分の道があって、それは決して交わることはないのだ。そしてもっと言えば、だからみんな光に、心を頼るのだ。生きるという暗闇をずっと行くにはあまりにも心許ない。光の下に集まり、お互いの道の長さと深さを一瞬にして確かめ合い、また別れていく。そんなふうに街の景色を眺めた。

☆　☆　☆

このときに展示したいくつかの詩を紹介します。

喜びの木

大きな喜びに
心を躍らせるとき
小さな喜びに
小さく「やった」と呟くとき

ふとした喜びに
思わずガッツポーズするとき

待っていた喜びに
涙が止まらないとき

愛しい人

きみの
そのときを

僕は喜ぶ

結婚の木

明日
あの丘に
小さな木を植えましょう

やがて大きな

樹木になる日は

どこまでも青い空だ

時を刻むように

風が吹いて

静かに聞こえてくる
葉と葉の音だ
植えましょう
そうして
その次に
結婚しませんか

やさしさの木
晴れた空に
少しだけ雲が浮かんでいて

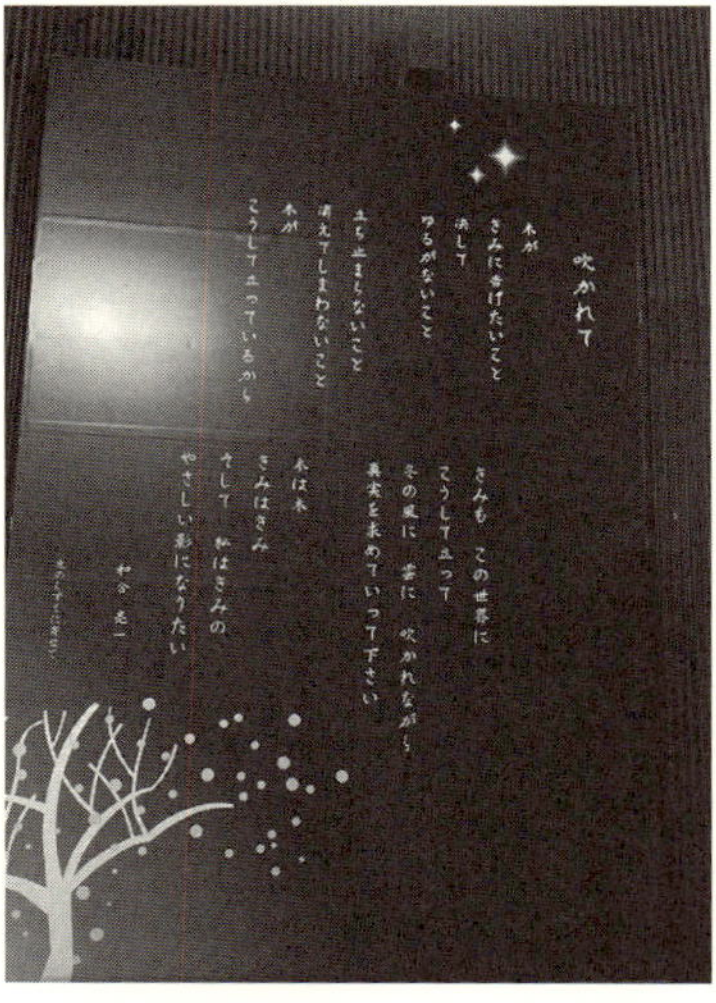

やさしさ
なぜだかそれを思った

そんなとき
大きな木の下に
心を休ませてみたい
そんなふうに思った

きみに　もっと
やさしくなりたい

やさしさについて考えた

広い
広い
世界を
知った

このような詩を木のかたわらに展示して、イルミネーションで一つずつ読むことができるようにしてくださいました。「光のしずく」には六〇万人をこえる人々が、足を運んでくださいました。

詩のコンクールも同時に開催しました。

「てのなかの詩　コンクール」

「人」「街」「言葉」について、あなたの思いを短い詩（てのなかの詩）にしてみませんか。

①好きな「人」「街」「言葉」のいずれかについて、あなたの思いを短くつづってみましょう。
②形式・応募用紙は自由です。1「人」、2「街」、3「言葉」の部門を明記してください。

審査には、歌人の俵万智《たわらまち》さんが特別審査員として加わってくださいました。たくさんの応募がありました。「人」「街」「言葉」のキーワードにより書かれた詩は、そのまま街づくりの活動を語る詩と重なっていくものが多くて、読ませていただくのが楽しかったです。

ワークシート⑳

いつも眺めている、家の庭や街の木などを見つめて、「○○の木」というふうに名前をつけてみましょう。

その木をめぐって、思い浮かぶものを自由に書いてみましょう。

この「光のしずく」は、二〇〇七年から毎年つづきました。街の風物詩などとも呼ばれて、親しまれるようになりました。

しかし、あることがきっかけとなり、この「街づくり」のイベントは休止となりました。

現在も残念ながら、休止中です。

それは二〇一一年に震災が起きたからでした。

ツイッターに詩を投稿

三月一一日に震災が起きました。私はその六日後に町の避難所から家に戻り、これらの詩を、アカウントをとっていただけで、あまりやってみたことがない、ツイッターに投稿しました。

震災に遭いました。避難所に居ましたが、落ち着いたので、仕事をするために戻りました。みなさんにいろいろとご心配をおかけいたしました。励ましをありがとうございました。

本日で被災六日目になります。物の見方や考え方が変わりました。

行き着くところは涙しかありません。私は作品を修羅のように書きたいと思います。

放射能が降っています。静かな夜です。

ここまで私たちを痛めつける意味はあるのでしょうか。

ものみな全ての事象における意味などは、それらの事後に生ずるものなのでしょう。ならば「事後」そのものの意味とは、何か。そこに意味はあるのか。

この震災は何を私たちに教えたいのか。教えたいものなぞ無いのなら、なおさら何を信じれば良いのか。

放射能が降っています。静かな静かな夜です。

屋外から戻ったら、髪と手と顔を洗いなさいと教えられました。私たちには、それを洗う水など無いのです。

私が暮らした南相馬市に物資が届いていないそうです。南相馬市に入りたくないという理由だそうです。南相馬市を救って下さい。

あなたにとって故郷とは、どのようなものですか。私は故郷を捨てません。故郷は私の全てです。

放射線はただちに健康に異常が出る量では無いそうです。「ただちに」を裏返せば「やがては」になるのでしょうか。家族の健康が心配です。

そうかもしれませんね。物事と意味には明らかな境界がある。それは離反していると言っても良いかもしれません。

私が避暑地として気に入って、時折過ごしていた南三陸海岸に、一昨日、１０００人の遺体が流れ着きました。

このことに意味を求めるとするならば、それは事実を正視しようとする、その一時の静けさに宿るものであり、それは意味ではなくむしろ無意味そのものの闇に近いのかもしれない。

今、これを書いている時に、また地鳴りがしました。揺れました。息を殺して、中腰になって、揺れを睨みつけてやりました。命のかけひきをしています。放射能の雨の中で、たった一人です。

あなたには大切な人がいますか。一瞬にして失われてしまうことがあるのだ……と少しでも考えるのなら、己の全存在を賭けて、世界に奪われてしまわない為の方法を考えるしかない。

世界は誕生と滅亡の両方を、意味とは離反した天体の精神力で支えて、やすやすと在り続けている。

これは震災直後、三月一六日から書きはじめた「詩の礫《つぶて》」の最初の部分の抜粋です。このような作品をツイッターに投稿しました。ここまでで一八個のツイートを載せていますが、三ヵ月ぐらい毎日のように、多いときは一〇〇個ぐらいのツイートをしました。今現在も、詩を投稿することをつづけています(アカウントは@wago2828です)。

たとえばこれは、二〇一一年の三月一九日にツイートしたものです。

もうじき朝が来る。それはどんな表情をしている？　春。鳥のさえずり。清流のやわらかさ。光る山際。頰をなでる風の肌触り。揺れる花のつぼみ。はるかな草原を行く野馬。朝食の支度をする母の足音。雲の切れ間。あなたにも、私にも。あなただけの、私だけの。同じ朝が来る。明けない夜は無い。

ツイッターとの親和性

ご存じのように、ツイッターは一四〇文字という制限があります。これより多い文字数の文章は、ツイートとして投稿することができません。これは一四〇文字ぎりぎりのツイートです。

文字数と格闘しながら、投稿しているうちに、ツイッターと詩とはそもそも親和性《しんわせい》があるということが、はっきりとわかった瞬間がありました。

詩にはソネット形式という、古くからの唯一といっていい定型があります。調べてみると……

ソネット(十四行詩、Sonnet)は一四行から成るヨーロッパの定型詩。ルネサンス期にイタリアで創始され、英語詩にも取り入れられ、代表的な詩形のひとつとなった。

詩を書きはじめの練習に用いられることが多いこの形式を、ぜひみなさんにもお勧めしたいです。

有名なものでは、谷川俊太郎さんの『六十二のソネット』という詩集があります。

たとえばこのような詩があります。

41

空の青さを見つめていると
私に帰るところがあるような気がする

だが雲を通ってきた明るさは
もはや空へは帰ってゆかない

陽は絶えず豪華に捨てている
夜になっても私達は拾うのに忙しい
人はすべていやしい生まれなので
樹のように豊かに休むことがない

窓があふれたものを切りとっている
私は宇宙以外の部屋を欲しない
そのため私は人と不和になる

在ることは空間や時間を傷つけることだ
そして痛みがむしろ私を責める
私が去ると私の健康が戻ってくるだろう

さて、さきほど「親和性」といいましたが、私が書いたさきほどのツイートをたとえば分ち書きにしてみます。すると……

もうじき朝が来る。
それはどんな表情をしている?
春。鳥のさえずり。
清流のやわらかさ。

光る山際。
頬をなでる風の肌触り。
揺れる花のつぼみ。
はるかな草原を行く野馬。
朝食の支度をする母の足音。

雲の切れ間。

あなたにも、私にも。

あなただけの、私だけの。

同じ朝が来る。

明けない夜は無い。


このように一篇のソネットになるのです。

一四〇文字とはつまり、ソネット形式の間《ま》や呼吸のようなものが、そこにあるということだと考えることができます。

このことに気がついたとき、詩とツイッターあるいはフェイスブックなども含めたソーシャルネットワーク全般との、見えないつながりのようなものを感覚しました。

無数にネットワークの中でやりとりされている言葉たち。おおげさに言うならば、そこにたくさんの詩になりうる種子のようなものが、空を飛んでいるということになります。

そういえば、ミュージシャンのスガシカオさんは、歌詞の題材を探すために、時間があればいつもツイッターを眺めていると、あるインタビューで語られていたことを思い出します。文字数ぎりぎりでなくてもいいのです。一行だけでも。

ツイッターという一四〇文字の世界を、一つの詩の発表の場所であるとおすすめしたいと思っています。一四〇文字という制限が抑制をそこにもたらすとき、言葉の省略や余韻《よいん》といった、詩を書くことの本質のようなものがそこに見えてくるときがあります。

そして、制限があるからこそ、逆につづけていくことができるということも、やりつづけてはっきりとわかりました。震災から三ヵ月のあいだ、毎日つづけることを自分に約束して、地震と放射能の恐怖にさいなまれながら、「詩の礫」を書きつづけることができたのは、文字の数のしばりがあったからだと思います。

一ヵ月のあいだに一〇〇二回の余震がありましたが、揺れているさなかでも書きつづけられたのは、ダメになりそうな心を数の制限によって立て直して書くことができたからだと思い返します。

ワークシート㉑

①思い浮かぶことを一四〇文字でまとめてみましょう。

例

もう　始発列車は　動きだしていますよね　その窓からは　何が見えますか
あなたのことを　長く待っていた　朝の街が　その中の　あなたの眼が　あなたを　見つめています　だから　ほら　最初の列車は　どこまでも　走っていく　降りる駅を　まちがえないで　あなたの心を　ずっと　ずっと

②それを分ち書きにしてみましょう。直してみましょう。

もう　始発列車が
動きだしていますか
その窓からは
何が見えますか

あなたのことを
ずっと待っていた
朝の景色が
その中の　あなたのまなざしが

あなたを　見つめています
だから　ほら
始発列車は

どこまでも　走っていく
降りる駅さえ　まちがわなければ
あなたの心を　ずっと　ずっと

③もう一度、一四〇文字に直してみましょう。

もう　始発列車が　動きだしていますか　その窓からは　何が見えますか　あなたのことを　ずっと待っていた　朝の景色が　その中の　あなたのまなざしが　あなたを　見つめています　だから　ほら　始発列車は　どこまでも　走っていく　降りる駅さえ　まちがわなければ　あなたの心を　ずっと　ずっと

☆自分のアカウントがあればツイートしてみましょう。

一四〇文字のメモを、分ち書きに直してみると、言葉を直したいところが生まれてきます。それを再度、元に戻してみると、ふだんのツイートとはちがう言葉と間《ま》と呼吸のようなものが生まれてきます。

ツイッターはその日、そのときに浮かんだことを投稿していくものです。そこにその人なりの大きな、あるいは小さな真実があります。

震災時に書いた私の詩は、震災の状況をリアルタイムで投稿しつづけたものとなりました。

これはソーシャルネットワークというものが目の前にあったから、やりつづけることができたということにほかなりません。

このときは、ただ夢中でやりつづけただけです。誰かに読んでもらおうなどとは、考えていませんでした。

震災から年月がたつうちに、このことはそのまま震災の記録になっていくと実感しました。そして記録が記憶を保ちつづけてくれるのだ、と。

ドキュメント、記録、記憶、……。何か、詩というものと反対側にあるようなキーワードを並べているかもしれません。

震災を経験してはっきりとわかったことは、詩というものとドキュメントというものは本来強く結びつくものなのだということでした。それは言わば心のドキュメントと呼べるものなのかもしれません。

ソーシャルネットワークに詩を書くという歴史は、はじまったばかりです。詩というジャンルに、新しい何かを革命的にもたらす可能性が多大にある、と私は確信しています。

はかり知れない親和力

もう少しだけ、ツイッター詩についての、現在進行中である新しい試みについて話をさせてください。

ツイッターに書きつづけた詩を構成して、たくさんの合唱曲が生まれています。作曲家の新実《にいみ》徳英《とくひで》さんとの「つぶてソング」、信長貴富《のぶながたかとみ》さんとの「夜明けから日暮れまで」、上田益《すすむ》さんとの「黙礼」、伊藤康英《やすひで》さんとの「貝殻《かいがら》のうた」、千《ち》原英喜《はらひでき》さんとの「光りのなかの貨物列車よ」、高嶋みどりさんとの「はるかはるか」など多数、現在も新曲を製作中です。

その合唱曲と群読《ぐんどく》という形式で、オペラをつくりました。公募という形をとりながら参加者を募集しました。合唱が一〇〇人、群読が五〇人ほど集まってくれました。

「ふくしま未来交響曲」と題して、二〇一四年の冬に公演をおこないました。そのときの模様をホームページでご覧いただけると幸いです(http://www.npo-branch.com/20130826-361.html)。

　その年の秋には、詩を服にまとうということをおこないました。

「みちのおくの芸術祭　山形ビエンナーレ(2014)」という美術のイベントに参加させていただきました。

　詩の言葉を、デザイナーの飛田《とびた》正浩《まさひろ》さんを代表とするファッションブランドspoken words projectが製作したおよそ五十数着の服の上に、配置していくという試みでした。可能性を感じました(http://biennale.tuad.ac.jp/2014/about/)。
　翌二〇一五年には、その衣装をまといながら、福島の神社に神楽《かぐら》を奉納《ほうのう》するということをおこないました。「ふくしま未来神楽」と命名して、震災で亡くなった方々に思いを届けることと、今を生きる私たちで生きるエネルギーを分かちあうことをめざしました。詩を構成

したものを祝詞《のりと》にして、奉納しました(http://www.mirainomatsuri-fukushima.jp/)。

ツイッターで書いた詩は、このほかにも演劇やコンサートや朗読会のテキストや、能楽《のうがく》やオイトリミューや詩吟《しぎん》の台本や、絵や写真や書やさまざまな形をなしています。

ほかの表現の世界とのコラボレーションの機会が数多くあります。声をかけてくださった方といっしょにあれこれとテキストをつくったりもします。

一四〇文字の小さな詩の箱がたくさんあり、それらを一つずつ共同で積み上げていけば、私など思いつかないようないろいろな表現のテキストが生まれていきます。

詩は、どんなものにも組みあっていく、さまざまな親和性と共存力とをもっていると思っています。詩の新しい形を生み出していくのは、むしろ「寺子屋」で詩を書きはじめようとするみなさんであると思っています。

私はいつも読んでもらえなくても、自作の詩のコピーを大学のキャンパスで懸命に配っていた青春を思い出します。はじめは手渡しても捨てられてしまうことがあるかもしれません。しかし、かならず受けとめてくれる人がいます。勇気を出して行動を起こせば、かならずそこに真実が宿ります。

新しい表現の時代がやってきています。可能性を切り開こうとするみなさんの情熱を信じています。

第7章

「ふるさと」で詩を書こう

芯のある言葉

言葉の一つ一つには芯があります。

あなたの耳に残る、心に残る言葉には、あなたが感じている芯のようなものがあります。

たとえばつぎの三つの詩を読んでみてください。できれば声に出しながら読んでもらうか、自分で声にしてみてください。朗読をしていて楽しい作品です。

大漁

金子みすゞ

朝焼小焼だ
大漁だ
大羽鰮《おおばいわし》の
大漁だ。

浜はまつりの
やうだけど
海のなかでは
何万の
鰮のとむらひ
するだらう。

生きる

谷川俊太郎

生きているということ
いま生きているということ
それはのどがかわくということ
木もれ陽がまぶしいということ

ふっと或るメロディを思い出すということ
くしゃみすること
あなたと手をつなぐこと

生きているということ
いま生きているということ
それはミニスカート
それはプラネタリウム
それはヨハン・シュトラウス
それはピカソ
それはアルプス
すべての美しいものに出会うということ
そして
かくされた悪を注意深くこばむこと

生きているということ
いま生きているということ
泣けるということ
笑えるということ
怒れるということ
自由ということ

生きているということ
いま生きているということ
いま遠くで犬が吠えるということ
いま地球が廻っているということ
いまどこかで産声《うぶごえ》があがるということ
いまどこかで兵士が傷つくということ
いまぶらんこがゆれているということ
いまいまが過ぎてゆくこと

生きているということ
いま生きているということ
鳥ははばたくということ
海はとどろくということ
かたつむりははうということ
人は愛するということ
あなたの手のぬくみ
いのちということ

せみ　有馬敲《ありまたかし》

じぶん　じぶん　じぶん
　じぶん　じぶん　じぶん
じぶん　じぶん　じぶん
　じぶん　じぶん　じぶん

じかーん　じかーん　じかーん
　じかーん　じかーん　じかーん
じかーん　じかーん　じかーん
　じかーん　じかーん　じかーん

じゆう　じゆう　じゆう
　じゆう　じゆう　じゆう
じゆう　じゆう　じゆう
　じゆう　じゆう　じゆう

ワークシート㉒

①三つの作品の中で、耳や心に残る言葉をメモしてみましょう。

②その言葉を用いながら(くりかえしてもいい)、言葉のかたまりをつくってみましょう。

例

私は、三つの作品の中から一つずつ言葉をメモしました。

①「大漁だ」「生きている」「時間」

② こんなふうに言葉のかたまりをつくりました。

―①の言葉に線を引いてみると……

野原で石を蹴った
生きているということがよくわかった
春がきたことがわかった
時間がきたことがわかった
大漁だ
どこかで声がした
そうだ
生きているんだ
大漁だ
生きているんだ
大漁だ
ばんざい
大漁だ

野原で石を蹴った
生きているということがよくわかった
春がきたことがわかった
時間がきたことがわかった
大漁だ
どこかで声がした
そうだ
生きているんだ
大漁だ
生きているんだ
大漁だ
ばんざい
大漁だ

かたまりを行に分ける

芯のある言葉は、たとえば第5章で述べた骨組みというか、言葉のかたまりの中心のようなものになっていくということがよくわかると思います。

そして芯のある言葉が、かたまりに呼吸のようなものを与えてくれるということも感じられるのではないでしょうか。呼吸は、どこか行分けのポイントと重なっていくような気がします。

つぎに紹介する作品は、「上毛《じょうもう》新聞」の「ジュニア俳壇」に掲載された子どもたちの俳句です(ワークシート㉓の三句も)。

あさそうじことしはじめてしもばしら　小1　くりばら　なな

情景が浮かんできます。ななちゃんにお許しを願いつつ、この俳句を試しに行分けしてみましょう。

俳句ですから、五・七・五でまず区切られていますよね。でも、さらにこんなふうに区切ってみてもいいですよね。

あさそうじ
ことし
はじめて
しもばしら

「ことしはじめて」をさらに「ことし」「はじめて」に分けてみました。これだけで、すてきな詩になっていきますね。あるいは、こんなふうに「しもばしら」という言葉だけを立ててみる、行分けの方法もありますね。

あさそうじことしはじめて
しもばしら

ワークシート㉓

つぎの俳句を行分けしてみましょう。

① さむいよるゆめはこころのゆうえんち　　小1　ささもと　こうせい

② 並んでる星もみんなで年をこす　　小4　小泉彩佳

③

祖父を待つ時間の中に冬がある

中2 村上千織

行分けのしかたで、印象はぜんぜん違ってきます。
③だけ例にあげてみましょう。

A

祖父を
待つ
時間の
中に

冬
が
ある

B

祖父を待つ時間の中に
冬がある

C

祖父を待つ
時間の中に
冬が
ある

★一語ずつ静かに立てている感じ

★「冬がある」を特に強く立てている感じ

★立てながら空間の広がりをもたせようとしている感じ

ＡからＣ、それぞれに世界が違ってきています。みなさんにとっては、どれがしっくりときましたか。行分けとはこのように、いわば言葉やフレーズを立てようとすることからはじまっていくのではないか、と思っています。

抽象と具象が組みあわさる

ところで、みなさんはこの詩を知っていますか。

ふるさとは遠きにありて思ふもの
そして悲しくうたふもの
よしや
うらぶれて異土《いど》の乞食《かたゐ》となるとても
帰るところにあるまじや
ひとり都のゆふぐれに
ふるさとおもひ涙ぐむ

そのこころもて
遠きみやこにかへらばや
遠きみやこにかへらばや

室生犀星《むろうさいせい》の「小景異情《しょうけいいじょう》」という、とても有名な詩の一部です。

私は福島で生まれて、ずっと福島で暮らしています。だから、室生犀星のこの詩の「遠きにありて」という情感は、あまりわからずに過ごしてきました。

ところが、二〇一一年の東日本大震災を経験して、私の友人や知人が津波や原発の被害を受けました。最愛の家族を津波で亡くしてしまったり、放射能汚染により、生まれ育った町や家から避難をして、いまだに戻るあてのないまま違う町での暮らしを余儀《よぎ》なくされている方が大勢います。

私の暮らしている町や森も、放射能により汚染されてしまいました。幼い頃から親しんできた福島の自然や社会が、今もなお数多くの困難や苦しみをかかえています。

震災後、私にとって「ふるさと」という言葉は、今までに感じたことのない、はっきりとした強い芯をもって響くようになってきました。

ワークシート㉔

わたしのふるさとは（　　A　　）です。
＊地名

① あなたの「ふるさと」はどんなところですか。浮かぶ言葉を書いてみよう。

例　親切な人が多いところ
　　温泉の街
　　小鳥たちがささやく小道

② たとえば（　　A　　）という地名がなかったら、どんな地名にしますか。

例　丘の上市

青空町
えがお区

③　たとえば日本語に「ふるさと」という言葉がなかったら、どんな言葉がふさわしいと思いますか？

震災後、私にとっての「ふるさと」は、いろいろな問題が眼の前にあって、ときにどこか遠くにあるものに思えることがあります。
近くにありて、遠くにありて、思ふもの……。

汚れつちまつた悲しみに　　中原中也《ちゅうや》

汚れつちまつた悲しみに
今日も小雪の降りかかる

汚れつちまつた悲しみに
今日も風さえ吹きすぎる

汚れつちまつた悲しみは
たとへば狐《きつね》の革裘《かわごろも》
汚れつちまつた悲しみは
小雪のかかつてちぢこまる

汚れつちまつた悲しみは
なにのぞむなくねがふなく
汚れつちまつた悲しみは
懈怠《けだい》のうちに死を夢む

汚れつちまつた悲しみに
いたいたしくも怖気《おじけ》づき

汚れつちまつた悲しみに
なすところもなく日は暮れる……

「汚れつちまつた悲しみ」という言葉は何度、味わってみても不思議な印象を感じます。「悲しみ」とはその人だけの感情を表わす、いわば抽象的な言葉です。しかし、それが「汚れつちまつた」という言葉により、ここでとても具象的・具体的になっていきます。

詩はこのように抽象と具象が組みあわさり、立体的な深みのある世界をつくっていきます。たとえば冒頭の谷川俊太郎さんの詩に、それを探してみましょう。

生きる

谷川俊太郎

生きているということ
いま生きているということ
それはのどがかわくということ

木もれ陽がまぶしいということ
ふっと或るメロディを思い出すということ
くしゃみすること
あなたと手をつなぐこと

……………………A抽象
――――――――――B具象

中原中也の詩は、抽象的な「悲しみ」の感情を、具象的・具体的に「狐の革裘」にたとえています。

谷川俊太郎の詩は、抽象的な「生きる」というイメージを、具象的・具体的に「のどがかわく」「メロディを思い出す」「くしゃみをする」などにたとえています。

このように、書き表わしたいあなただけの心の中のイメージ＝抽象を、具象的・具体的なものに、置きかえていこうとすることがポイントです。

それを詩の中で読者に見せていくことが大切なのです。

そうすることで、読み手はつくり手の感情そのものを、臨場感をおぼえながら自分の事実のように深く受けとめることができます。「汚れつちまつた悲しみ」「生きるということ」の詩はどちらも、〈詩の中で見せていくこと〉をとても意識しているように、私には感じられます。

こうして考えてみれば、室生犀星の詩の冒頭の一行、

ふるさとは遠きにありて思ふもの

とは、「ふるさと」という室生犀星の心の中だけの風景＝抽象と、「遠きにありて思ふもの」という具象とが組みあわさった一行なのです。

ワークシート㉕

① 「ふるさと」を室生犀星は「遠きにありて思ふもの」「そして悲しくうたふもの」と詩に書きました。あなたにとって「ふるさと」とはどんなものですか。

例　夕焼けが似あうもの
　　心がいつも安らぐもの

②「ふるさと」という言葉を使わずに、あなたのふるさとの地名を用いながら、思い浮かぶものを自由に書いてみましょう。

「ふるさと」を置きかえてみたら

今でも思い出します。震災の年の冬、私たちは再会したのです。福島の「詩の寺子屋」の子どもたち。私の大切な仲間たち。

みんなで真剣に語りあいました。何を私たちは書いていけばいいのか。

ふるさとの今を伝えていくために書いていこう。「ふるさと」とは私たちにとってどんなものなのか。「ふるさと」という言葉がなくなったとしたら、どんな言葉が私たちの心の中にあるのか。それを時間をかけて熱く語りあいました。

真剣なまなざしに励まされました。涙が出ました。

福島の「詩の寺子屋」は、震災後に、いちはやく復活を遂げました。私たちの心の支えになりました。

つぎの詩は、そのときに書いた子どもたちの詩です。

最後に紹介します。

福島　　小原隆史

今も原発という戦車は
放射能という弾をうち

人々の心をうちぬく
もがいても　もがいても弾は来る
休むことなくうってくる
だけど
僕はくじけない　あきらめない　みすてない
福島は負けない
ぜったいに負けない

原発をおさめてこそ
ほんとうの平和を知り
見えないものも見えてくる
なき顔だった僕たちも
笑顔になる
みんなが笑顔になってくる
そんな福島になる

きっと

あなたの手と私の手を　　　　　吉田桃子

さんてんいちいち
たった八文字の言葉は私たちからどれくらいのものを奪っていったんだろう

あの日
空がゆれた
大地がゆれた
森がゆれた
海がゆれた
風がゆれた

光がゆれた
ふくしまがゆれた
私がゆれた

手の平からこぼれたものはもう戻ってはこないのですと誰かがいった
手の平から消え去ったものはもう戻ってはこないのですかと私はきいた
手の平に残ったものをもう失わないように手をつなごうとあなたが笑った

今

立ち上がれ
前を向け
手をつなげ

これが私の第一歩

あの山を登れば

関根妃奈乃

あの山を登れば
あたたかい心が見える
ただ陽の光が
ふりそそぐ

あの山を登れば
町が見える
道が見える
ああ
あの子の未来は
どんなだろう

あの山を登れば
ぬくもりの風が吹いてくる
虫の音が聴こえてくる

あの山を登れば
頑張っているあなたの笑顔を
思い出す

今
空を見上げよう
木陰に心を重ねよう
涙を流そう
手をのばそう
笑いあおう

声をあげよう
歩みだそう

あの山を登れば
きっと想い出す
あきらめないと誓った　あの日を

「ふるさと」という言葉を、さまざまなイメージに置きかえながら、みんなそれぞれにまとめてくれました。

そして思うのです。

それでもほかに置きかえられない、かけがえのないものがある。

それが私たちにとっての「ふるさと」です。

おわりに

自分の成長を信じること。それが他人への深いまなざしにもつながっていきます。

ある人と読書にまつわる話をしていて、こんな話に出会ったことがあります。

「前向きな考え方をする人は、どんなにも忙しくても、最低でも一日に数ページは本を読む」

このことは、詩を読むのみならず、詩作にもあてはまるでしょう。どんなに忙しくても、最低でも一日に数行は書く。だけど、自分を追いつめてはいけません。あくまでも、リラックスしながら向きあってみてください。

鏡で自分の顔を毎朝確認しない人はまずいないと思いますが、そんなふうに毎日、詩のことを頭のどこかに置くだけでもいいと思います。あなたに新しい発想や生き方や楽しみを与えてくれると、私は想像します。

人に教えるということはたいへん難しいことです。国語の教師をしている私は、毎日のようにその難しさと楽しさと向きあっています。しかも、詩の実作を教えるにあたり、教科書はありません。教材などもなくて、自分の体験だけを頼りに教えることは心許ない、というも思っています。

そして私は何よりも実作の人間です。ならば、自分も語ったことをしっかりと形にして見せていかなくてはいけない。時に厳しい目にさらされているような気持ちになります。

教えることは難しいけれど、私は恩返しをしなくてはいけないと思っています。それは、詩そのものに向きあってということになるかもしれません。

詩の書き方を教えることが、はたして「恩返し」になるのでしょうか。

だけど、私は無意識に、つぎのように思ってきました。

詩をつくる人が増えれば、何かが変わっていくのではあるまいか。大仰な言い方をすれば、革命をおこすことができるのではあるまいか、と。

あるとき、詩人・草野心平の一文を見つけました。


「この世に詩人がいなければ詩は無い」

なるほど。詩ではなく、詩人が先なのです。

やはりまちがいありません。輪を広げていきましょう。たくさんの仲間を私の生涯の中で増やしていくために、私はあなたと「詩の寺子屋」の活動をはじめたいのです。

本書には、これまで出会ってきた詩や、「詩の寺子屋」などでつくられた子どもたちの詩を、数多く掲載させていただきました。これらの詩を書いたみなさんに、深く感謝申し上げます。

また、本書のあちこちで使ったワークシートは、本の大きさに合わせてコンパクトになっています。みなさんが実際に使うときは、場合に応じたサイズのものをつくって、楽しみながらやってみてください。創意工夫で形式を変えてもらっても、まったくかまいません。

ワークシートを応用して、こんなことをしてみたらおもしろかったなどということも、私にどしどし教えてください。同じ寺子屋の親しい仲間として、分かちあっていきましょう。

いつか、ぜひ、あなたの住む町の「詩の寺子屋」へうかがってみたいと思います。

和合亮一

1968年福島市生まれ．福島大学卒業．

詩人．高校教師(国語)．福島県教育復興大使．「六本木詩人会」主宰．「未来の祀り」発起人．全国で詩作講座や朗読会を開く．テレビ寺子屋講師．

中原中也賞，晩翠賞，NHK東北文化賞他受賞多数．

詩集に『AFTER』『地球頭脳詩篇』(以上，思潮社)，『詩ノ黙礼』(新潮社)，『詩の礫』(徳間書店)など．著書に『ふるさとをあきらめない――フクシマ，25人の証言』(新潮社)，『往復書簡 悲しみが言葉をつむぐとき』(共著，岩波書店)，エッセイ集『心に湯気をたてて』(日本経済新聞出版社)，絵本『はしるってなに』(芸術新聞社)など．

詩の寺子屋　岩波ジュニア新書 820

2015年12月18日　第1刷発行

著　者　和合亮一《わごうりょういち》

発行者　岡本　厚

発行所　株式会社 岩波書店
〒101-8002 東京都千代田区一ツ橋2-5-5
案内 03-5210-4000　販売部 03-5210-4111
ジュニア新書編集部 03-5210-4065
http://www.iwanami.co.jp/

組版　シーズ・プランニング
印刷・三陽社　カバー・精興社　製本・中永製本

ISBN 978-4-00-500820-9　Printed in Japan

岩波ジュニア新書の発足に際して

きみたち若い世代は人生の出発点に立っています。きみたちの未来は大きな可能性に満ち、陽春の日のようにひかり輝いています。勉学に体力づくりに、明るくはつらつとした日々を送っていることでしょう。

しかしながら、現代の社会は、また、さまざまな矛盾をはらんでいます。営々として築かれた人類の歴史のなかで、幾千億の先達《せんだつ》たちの英知と努力によって、未知が究明され、人類の進歩がもたらされ、大きく文化として蓄積されてきました。にもかかわらず現代は、核戦争による人類絶滅の危機、貧富の差をはじめとするさまざまな人間的不平等、社会と科学の発展が一方においてもたらした環境の破壊、エネルギーや食糧問題の不安等々、来るべき二十一世紀を前にして、解決を迫られているたくさんの大きな課題がひしめいています。現実の世界はきわめて厳しく、人類の平和と発展のためには、きみたちの新しい英知と真摯《しんし》な努力が切実に必要とされています。

きみたちの前途には、こうした人類の明日の運命が託されています。ですから、たとえば現在の学校で生じているささいな「学力」の差、あるいは家庭環境などによる条件の違いにとらわれて、自分の将来を見限ったりはしないでほしいと思います。個々人の能力とか才能は、いつどこで開花するか計り知れないものがありますし、努力と鍛錬の積み重ねの上にこそ切り開かれるものですから、簡単に可能性を放棄したり、容易に「現実」と妥協したりすることのないようにと願っています。

わたしたちは、これから人生を歩むきみたちが、生きることのほんとうの意味を問い、大きく明日をひらくことを心から期待して、ここに新たに岩波ジュニア新書を創刊します。現実に立ち向かうために必要とする知性、豊かな感性と想像力を、きみたちが自らのなかに育てるのに役立ててもらえるよう、すぐれた執筆者による適切な話題を、豊富な写真や挿絵とともに書き下ろしで提供します。若い世代の良き話し相手として、このシリーズを注目してください。わたしたちもまた、きみたちの明日に刮目《かつもく》しています。(一九七九年六月)